AF500710

CATALOGUE

DES TRAVAUX

GÉOLOGIQUES ET MINÉRALOGIQUES

Publiés jusqu'en 1870

PAR

A. LEYMERIE

PROFESSEUR A LA FACULTÉ DES SCIENCES DE TOULOUSE,

Ancien Élève à l'École polytechnique, ancien Professeur de Mathématiques et de Sciences physiques,
ancien Directeur de l'École de Lamartinière de Lyon,

Membre de la Société géologique de France et des Académies impériales de Toulouse et de Lyon,
des Sociétés Linnéennes de Lyon et de Bordeaux, etc., etc.;

Avec des Résumés et des Notes analytiques pour les principales de ces publications.

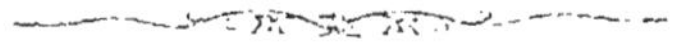

PARIS,
CHEZ MASSON ET BAILLIÈRE

TOULOUSE,
CHEZ PRIVAT ET GIMET.

On trouvera chez les mêmes Libraires les principaux ouvrages de M. Leymerie, et plusieurs des brochures qui ont paru récemment dans divers recueils.

1869

CATALOGUE

DES TRAVAUX

GÉOLOGIQUES ET MINÉRALOGIQUES

Publiés jusqu'en 1870

GÉOLOGIE

OUVRAGES PUBLIÉS EN DEHORS DES RECUEILS PÉRIODIQUES

N° 1 — ÉLÉMENTS DE MINÉRALOGIE ET DE GÉOLOGIE

2e Édition : 2 volumes in-12, 1866 ; avec 500 figures intercalées dans le texte. — (La première édition avait paru en un fort volume en 1861.)

Je me suis proposé de réunir dans cet ouvrage essentiellement élémentaire, toutes les notions relatives au règne minéral qui entrent ou devraient entrer dans l'instruction de la jeunesse. Il se compose de deux parties principales, la *Minéralogie* et la *Géologie*, et de deux parties annexes, la *Lithologie* ou classification et description des roches, et une table *paléontologique* où se trouvent indiqués et rapidement décrits les principaux fossiles, dont les plus caractéristiques sont figurés dans le texte. La partie minéralogique n'est autre chose qu'un abrégé plus élémentaire de mon *Cours de Minéralogie* en deux volumes.

Les éléments de Géologie occupent dans l'ouvrage la place d'honneur. L'esprit qui a présidé à la rédaction de cette partie est le même qui m'avait inspiré en écrivant le Cours de Minéralogie ; ce qui veut dire que j'ai cherché, en tenant compte des résultats obtenus par les diverses écoles géologiques, d'éviter les exagérations qui caractérisent chacune d'elles, et de me maintenir enfin dans une voie éclectique.

Ce petit ouvrage renferme d'ailleurs quelques vues nouvelles, notamment sur la thermalité dans les temps géologiques, sur les anciennes atmosphères, sur l'*origine du calcaire,* sur la géologie des Pyrénées, etc.; et l'on y trouve la description de plusieurs types méridionaux très-importants qui avaient été trop négligés par les auteurs. M. Daubrée a bien voulu lui faire l'honneur de le présenter à l'Académie des Sciences de Paris, et d'accompagner cette présentation de quelques éloges que sa bienveillance seule a pu lui inspirer.

N° 2. — STATISTIQUE MINÉRALOGIQUE ET GÉOLOGIQUE DU DÉPARTEMENT DE L'AUBE

1 fort vol. in-8°, 1846; avec un atlas contenant une carte réduite, des coupes, des planches de fossiles caractéristiques. (1846).

Cet ouvrage entrepris et publié par ordre de M. le Directeur général des Ponts et Chaussées et des Mines, sous les auspices et aux frais du département de l'Aube, outre l'intérêt local qu'il présente et sur lequel nous n'insisterons pas ici, n'a pas été inutile au point de vue de la géologie de la France considérée d'une manière générale, et plusieurs des parties qui s'y trouvent traitées, peuvent être considérées comme des types que les géologues, qui se sont occupés du bassin de Paris, ont plus ou moins employés. Ces types ont d'ailleurs été décrits dans des mémoires particuliers, et nous les indiquerons plus spécialement aux articles qui concernent ces mémoires.

N° 3.— STATISTIQUE ET CARTE GÉOLOGIQUES DU DÉPARTEMENT DE L'YONNE. (Leymerie et Raulin).

1 vol. grand in-8° de 864 pages, avec une carte réduite et coupes coloriées (1858); grande carte coloriée composée de 6 feuilles avec coupes. (1855).

Cet ouvrage, très-développé au point de vue local et régional, pour lequel j'ai eu l'avantage d'être en collaboration avec mon savant collègue M. Raulin qui en a rédigé la plus grande partie, a contribué à augmenter la somme de nos connaissances sur plusieurs terrains de la ceinture qui entoure le bassin parisien et particulièrement sur la formation jurassique qui s'y trouve être plus complète et mieux caractérisée que partout ailleurs.— En ce qui touche au terrain crétacé, il a fourni une preuve de la généralité des types que j'avais établis dans la description du département de l'Aube.

N° 4. — NOTICE FAMILIÈRE SUR LE MONT-D'OR LYONNAIS.

Brochure in-8° avec coupes et figures, 84 pages (1838)

N° 5. — SUR LE SENS QUE L'ON DOIT ATTACHER AUX EXPRESSIONS FONDAMENTALES DE STRATIFICATION, STRATE, COUCHE, ETC.

15 pages grand in-8° (1840). — Thèse soutenue devant la Faculté des Sciences de Paris, pour le doctorat ès-sciences naturelles.

Les différents auteurs d'ouvrages généraux ou élémentaires se sont servis du mot *stratification* et de ses dérivés sans en préciser le sens. La plupart l'ont considéré comme étant synonyme de *sédimentation*. Je fais voir, dans cette thèse, que le premier doit avoir un sens plus général que le second qui lui serait en quelque sorte subordonné, et je fais remarquer qu'il existe des terrains auxquels on applique le nom de *stratifiés*, et qui cependant n'ont pas nécessairement été déposés au sein des eaux. Dans cette catégorie, par exemple, se trouvent certaines nappes volcaniques parallèlement superposées et le gneiss dont l'origine est incertaine.

A cette occasion et partant de l'idée qui fait l'objet principal de la thèse, j'introduis dans la terminologie qui se rapporte à la stratification une certaine précision qui lui manquait.

Un *strate* est un élément quelconque de la *stratification* qui, elle-même, n'est que la disposition en vertu de laquelle une masse minérale se compose de parties peu épaisses relativement à leur superficie, et parallèles à une même surface plane ou courbe. — Le *strate* doit être regardé, dans l'ordre de la stratification, comme un genre qui comprendrait comme espèces les *couches* et les *feuillets :* les *bancs* et les *lits* n'étant que des couches isolées et exceptionnelles.

N° 6.—SUR LES CARACTÈRES DISTINCTIFS DES HUITRES, DES GRYPHÉES ET DES EXOGYRES ET SUR LA DISTRIBUTION DE CES OSTRACÉES DANS LES TERRAINS.

20 pages in-8° (1840). — Deuxième thèse

Le principal but que je me suis proposé dans cette thèse, a été de démontrer toute l'importance, que l'on méconnaît trop de nos jours, de l'emploi des genres *Gryphée* et *Exogyre* formés au dépens des huîtres, l'un par Lamarck et l'autre par l'américain Say. J'y démontre d'abord que ces groupes ont leur raison d'être, au moins comme sous-genres, en zoologie, et que ce n'est que par des déformations individuelles qu'il y a accidentellement passage entre ces groupes, et de ces groupes aux huîtres.

Dans tous les cas, ils ont apparu, avec les formes qui les caractérisent, à des époques spéciales, et la nature en a réparti dans l'écorce terrestre les différentes espèces, de telle manière qu'ils sont très-précieux, soit comme genres, soit comme espèces pour la caractérisation et pour la détermination des terrains.

J'ai donné à la fin de mon travail, pour chaque terrain, à partir du trias, la liste des huîtres, des gryphées et des exogyres qui s'y rapportent, et ces listes viennent confirmer d'une manière toute particulière les conclusions géognostiques que voici :

1° Les ostracées ne jouent réellement, dans les terrains, un rôle important que dans les séries moyenne et supérieure qu'on appelle *Mésozoïque* et *Kaïnozoïque;*

2° Les gryphées et les exogyres offrent des caractères assez constants et d'un usage très-commode pour les couches qui appartiennent aux deux principaux groupes de la série *Mésozoïque;* les gryphées régnant à-peu-près exclusivement dans le terrain jurassique, tandis que le même rôle appartient aux exogyres dans la période crétacée.

MÉMOIRES DE LA SOCIÉTÉ GÉOLOGIQUE DE FRANCE : in-4°

N° 7. — MÉMOIRE SUR LA PARTIE INFÉRIEURE DU SYSTÈME SECONDAIRE DU DÉPARTEMENT DU RHÔNE,

Présenté à l'Académie des sciences de l'Institut, en 1838, et renvoyé à MM. Élie de Beaumont et de Bonnard.

Sur le rapport de M. de Bonnard, l'Académie en a ordonné l'insertion dans le *Recueil des savants étrangers.*

Publié dans le tome III (1re série) des Mémoires de la Société géologique (1838). — 65 pages in-4°, avec une planche de coupes et une de fossiles.

Ce travail offre une description détaillée du terrain secondaire du Lyonnais, et notamment de celui du Mont-d'Or, et l'on y trouve une détermination aujourd'hui généralement adoptée des grès inférieurs (grès de Chessy), rapportés au keuper, et des étages jurassiques du département du Rhône.

Mais la partie principale du Mémoire consiste dans les considérations qu'il renferme sur les couches inférieures du lias et sur la proposition de créer pour cette assise, très-développée dans le midi de la France et ailleurs, une désignation particulière celle d'*infrà-lias* qui, aujourd'hui, est admise et employée par tous les géologues.

Extrait du rapport de M. de Bonnard.

(Comptes-rendus, t. III, p. 700, 1838).

« .... Nous appellerons spécialement l'attention de l'Académie sur » ce qui concerne le terrain que l'auteur nomme *infrà-lias*. C'est ici la » partie principale, et c'est aussi la partie la plus remarquable de son » Mémoire, en ce que non-seulement il a bien fait connaître une assise » qui joue un rôle important dans la constitution géologique du départe- » ment du Rhône; mais encore faisant un rapprochement heureux entre » ce qu'il avait vu dans le Lyonnais et les faits exposés dans les descrip- » tions géognostiques de plusieurs autres contrées, il a établi la néces- » sité de classer à une place déterminée dans la série générale des » terrains un ensemble de couches présentant des caractères particuliers » et renfermant des fossiles qui lui sont propres, assise qui, jusqu'à » présent, était restée, pour la plupart des géologues, inaperçue ou » confondue avec le terrain qui la recouvre : sous ce rapport, le travail » de M. Leymerie contribue à un véritable progrès de la science.

» La désignation de cet ensemble de couches par une dénomination » quelconque devient une chose utile du moment où la généralité de » l'assise est reconnue..........

» .... Il nous paraît donc préférable d'adopter le nom d'*infrà-lias* » proposé par M. Leymerie avec une modeste hésitation...... Nous pen- » sons que M. Leymerie a atteint ce dernier but (détermination de la » place du terrain) d'une manière assez complète pour que son travail » doive rester parmi les matériaux destinés à la construction de l'édifice » géognostique.

» Nous avons l'honneur de proposer à l'Académie de donner son » approbation à ce travail et d'en ordonner l'insertion dans le Recueil » des *Mémoires des savants étrangers*. »

N° 8. — MÉMOIRE SUR LE TERRAIN CRÉTACÉ DU DÉPARTEMENT DE L'AUBE,

Contenant des considérations générales sur le terrain néocomien.

Présenté à l'Institut en 1840, et renvoyé à MM. Elie de Beaumont et Al. Brongniart.

Sur le rapport de M. Brongniart, l'Académie en a ordonné l'insertion dans le *Recueil des savants étrangers.*

Imprimé dans les tomes IV et V, 1re série, des Mémoires de la Société géologique, 107 p. in-4°, avec une carte, une planche de coupes et 18 de fossiles.

Ce travail peut être considéré comme fondamental ou classique à l'égard du terrain crétacé du bassin de Paris; les fossiles qui s'y trouvent décrits (113 espèces) sont journellement employés par les géologues de tous les pays. C'est par ce Mémoire que le terrain néocomien a été définitivement introduit comme étage inférieur du terrain crétacé dans le nord de la France. On peut dire aussi qu'il contient en germe le type *aptien*, car on y signale à différentes reprises les caractères tout particuliers des argiles à *Exogyra sinuata*, *Terebratula sella*, *Plicatula placunœa*, qui séparent le terrain néocomien du gault.

Extrait du rapport de M. Al. Brongniart.

(Séance du 21 Juin 1841).

» ..... D'autres géologues enfin dans des positions différentes, mais plus ordinaires et plus nombreuses, ont cherché à en tirer un parti utile à la science dans deux de ses directions : d'abord en découvrant dans la série des grandes superpositions connues, de nouvelles divisions d'époque ou de formation fondées sur des caractères généralement admis par les géologues pour ce genre de détermination; ensuite en décrivant avec une exactitude scrupuleuse et savante les pays dans lesquels ils ont reconnu les nouveaux groupes de terrains; enfin en faisant voir que ce ne sont pas des divisions arbitraires ou isolées, mais qu'elles jouent un rôle assez important dans la structure de l'écorce du globe pour être signalées et dénommées particulièrement.

» C'est ce que vient de faire d'une manière si brillante et si savante M. Murchison pour les terrains anciens qu'il a nommés *siluriens*. C'est ce qu'a fait avec moins d'éclat, parce que le sujet ne le comportait pas, mais avec autant de soin, de science et nous pouvons déjà dire de succès, M. Leymerie pour les terrains *néocomiens* du département de l'Aube.......

» .... Il ne faut pas croire que la part faite aux naturalistes qui ont entrevu, reconnu et même nommé le *terrain néocomien* avant M. Leymerie lui enlève le mérite de son travail; car dans le Mémoire très-long qu'il a rédigé sur ce terrain et sur les terrains crétacés qui le surmontent, dans des détails minéralogiques, paléontologiques et géographiques qui constituent ce grand travail, on trouve une multitude de faits dont la science s'est enrichie.......

» .... Nous ne suivrons pas l'auteur dans cette longue énumération pas plus que nous ne l'avons suivi dans la description des roches, des minéraux, des minerais et des corps organisés fossiles de ces terrains. Il a rassemblé, décrit, figuré ces derniers avec un grand soin...... Ces descriptions sont bien faites, d'une bonne mesure. Les figures qui représentent les espèces nouvelles sont d'une grande perfection......

» M. Leymerie a mentionné 150 espèces du terrain néocomien ; il les a décrites la plupart......

» L'ouvrage de M. Leymerie..... est immense. Il suppose dans son auteur l'association d'un travail minutieux, par ses détails, fatigant par la persévérance qu'il a fallu mettre pour n'en négliger aucun, etc...... et l'esprit de généralisation qu'il a fallu posséder pour établir les rapports que M. Leymerie a fait ressortir.

Nous pensons que le travail de M. Leymerie mérite l'approbation de l'Académie, et l'honneur de l'insertion dans les *Mémoires des savants étrangers*.

N° 9. — MÉMOIRE SUR LE TERRAIN A NUMMULITES DES CORBIÈRES ET DE LA MONTAGNE NOIRE.

Présenté à l'Institut en 1844, et renvoyé à une commission composée de MM. Al. Brongniart, Beudant et Dufrénoy.

Sur le rapport de M. Dufrénoy, l'Académie a jugé ce travail digne de l'insertion dans le *Recueil des savants étrangers*.

Publié dans le t. I (2e série) des Mémoires de la Société géologique, page 337, 30 pages in-4, carte et coupe coloriées, et 5 planches de fossiles.

C'est par ce travail que le terrain à nummulites des Pyrénées a été pour la première fois séparé du terrain crétacé; et, par les nombreux fossiles qui s'y trouvent décrits, il a contribué pour une bonne part à l'établissement définitif et à la généralisation du type nummulitique, qui constitue maintenant un des caractères les plus marqués des terrains coordonnés à la Méditerranée.

Conclusions du rapport de M. Dufrénoy.

Comptes-rendus, t. XXI, page 1201 (1845).

« La description géologique que M. A. Leymerie a donnée des Corbières, établit d'une manière certaine la position exacte du terrain à nummulites; le travail paléontologique qui le complète fait connaître 82 espèces, dont 56 nouvelles. Cette monographie a exigé des connaissances aussi variées que profondes, une grande patience, et nous ajouterons beaucoup de sagacité pour compléter, par la comparaison des différents échantillons appartenant à un même genre de fossile, les caractères spécifiques qui distinguent chacun d'eux.

» .... Votre Commission vous propose de remercier l'auteur de son intéressante communication : elle vous demanderait même l'insertion du travail de M. Leymerie dans les *Mémoires des savants étrangers*, si ce géologue n'avait manifesté l'intention d'en faire une publication spéciale. »

N° 10. — MÉMOIRE SUR UN NOUVEAU TYPE PYRÉNÉEN PARALLÈLE A LA CRAIE PROPREMENT DITE.

Publié en 1851, dans les Mémoires de la Société géologique, t. IV, (2e série), 25 pages in-4°; 3 planches de fossiles.

Après avoir démontré que le terrain nummulitique devait former un type particulier au-dessus de la craie, je désirais beaucoup découvrir dans les Pyrénées, sous les couches à nummulites, un étage parallèle à la craie proprement dite dont la détermination pût être incontestable. J'ai été assez heureux pour satisfaire ce désir d'une manière tout-à-fait complète, d'abord dans les environs de Gensac et de Monléon aux confins de la Haute-Garonne et des Hautes-Pyrénées, et ensuite en beaucoup d'autres points tout le long de cette chaîne de montagnes (moitié orientale).

J'ai ainsi véritablement découvert un nouveau type pyrénéen.

Le but de ce Mémoire est de le faire connaître au moins paléontologiquement. A Gensac et à Monléon, il est caractérisé par des fossiles nombreux et d'une conservation parfaite, dont l'ensemble rappelle toute la craie, depuis la craie marneuse jusque et y compris la craie de Maëstricht avec *Hemipneustes radiatus*, *Natica rugosa*, etc. Il offre de plus un certain nombre d'espèces nouvelles qui se trouvent décrites et figurées dans mon travail, et qui ont été souvent employées depuis sa publication par les auteurs qui ont eu à s'occuper de la craie des régions méridionales.

BULLETIN DE LA SOCIÉTÉ GÉOLOGIQUE DE FRANCE, in-8°

1re Série.

N° 11. — NOTE SUR LA POSITION GÉOLOGIQUE DE LYON, SUR LA FORMATION CALCAIRE PRINCIPALE DU DÉPARTEMENT DU RHÔNE ET SUR LE SOULÈVEMENT DES TERRAINS COMPRIS ENTRE LYON ET MACON.

6 pages, t. VII, page 84 (1836).

C'est un petit tableau très-restreint des conditions géologiques qui se rapportent à la ville de Lyon. Il y est question aussi des roches porphyriques du Beaujolais, auxquelles j'ai attribué, sans preuves suffisantes, je le reconnais aujourd'hui, le soulèvement des calcaires jurassiques qui occupent la rive droite de la Saône, entre Lyon et Mâcon.

N° 12. — NOTE SUR LA COUPE GÉOLOGIQUE DU GROUPE DES MONTAGNES COMPRISES ENTRE LA SAÔNE ET LA LOIRE, DE LYON A FEURS, PASSANT PAR ISERON ET SAINT-BARTHÉLEMY.

4 pages, t. VII, page 212 (1836).

En traversant la région qui fait l'objet de cette notè, j'ai reconnu d'abord que le dépôt de diluvium alpin de la vallée du Rhône s'arrêtait à Craponne. Passé ce point, on ne voit plus que des roches anciennes; d'abord, des gneiss avec filons de barytine et autres qui constituent essentiellement le sol jusqu'à la Brévanne; mais entre cette rivière et la Loire, c'est un granite porphyroïde qui joue le rôle principal. Dans la première région se trouve le petit bassin houiller de Sainte-Foy-l'Argentière, dont j'ai donné une courte description.

N° 13. — NOTE SUR LE TERRAIN DE TRANSITION DU DÉPARTEMENT DU RHÔNE ET DES PARTIES ADJACENTES DU DÉPARTEMENT DE LA LOIRE.

4 pages, t. VIII, page 310 (1837.)

Je crois être le premier qui ait attiré par cette note, l'attention sur un calcaire fossilifère des environs de Régny et de Thisy qui fait partie d'un terrain renfermant un mauvais charbon, et que j'avais considéré alors comme dépendant du terrain de transition. Je reconnais maintenant que ce calcaire riche en crinoïdes (Cyathocrinites) et qui contient le *Productus giganteus* et d'autres brachiopodes contemporains, n'est autre que le vrai calcaire carbonifère.

Il est remarquablement disloqué et pénétré par le porphyre quartzifère, notamment à Thisy (1).

N° 14. — NOTE SUR LE GRÈS INFÉRIEUR DU LIAS ET SUR LE SOULÈVEMENT DU TERRAIN SECONDAIRE DU DÉPARTEMENT DU RHÔNE.

5 pages, t. VIII, page 315 (1837.)

N° 15. — COUPE DU MONT-D'OR LYONNAIS.

Coupe figurée avec 4 pages de texte, t. IX, page 48 (1837.)

N° 16. — NOTE SUR LE DILUVIUM ALPIN DU DÉPARTEMENT DU RHÔNE

3 pages, t. IX, page 109 (1838.)

Cette courte note renferme les faits les plus essentiels qui se rapportent au diluvium alpin de Lyon à ses limites. — Les cailloux qui forment l'élément principal de ce dépôt, sont la plupart composés de quartzite. Les blocs qui accompagnent souvent ces cailloux, existent rarement dans les parties profondes du terrain ; ils ne se montrent guère qu'au sommet ou sur le flanc oriental des collines. Ces blocs sont généralement très-peu arrondis et leur matière consiste en calcaires du jura, gneiss, grauwacke. Ils sont le plus souvent, distribués par lots.

Je considère ce diluvium comme ayant été entraîné et déposé par des eaux violentes provenant des Alpes.—J'ai observé au chemin des Étroits, au bord de la Saône, qu'il reposait sur un terrain de transport grossier, composé de fragments anguleux des roches du pays.—D'un autre côté, le même terrain se trouve recouvert par un limon, *lehm*, dans lequel on a plusieurs fois rencontré des dents et des défenses d'éléphant.

N° 17. — NOTE SUR LA ROCHE SILICEUSE DE SAINT-PRIEST, PRÈS SAINT-ÉTIENNE (LOIRE.)

2 pages, t. IX, page 206. (1838)

(1) Cette priorité a été reconnue par MM. Dufrénoy et Elie de Beaumont dans la note qui se trouve au bas de la page 150 du tome premier de l'Explication de la carte géologique de la France.

Cette roche sur laquelle est bâti le village de Saint-Priest est un hornstein avec impressions de calamites et des traces charbonneuses ; elle semble sortir brusquement des grès houillers qui gisent à sa base. Je trouve son origine et son mode de formation dans une éruption siliceuse qui aurait traversé et modifié le grès houiller. — Ce serait un cas extraordinaire de la formation des arkoses.

N° 18.—NOTICE SUR LE TERRAIN CRÉTACÉ DU DÉPARTEMENT DE L'AUBE.

8 pages, avec une coupe, t. IX, page 381 (1838).

N° 19. — DEUXIÈME NOTICE SUR LE TERRAIN CRÉTACÉ DE L'AUBE.

6 pages, t. XI, page 31 (1839). — Voir le n° 8.

N° 20. — NOTE SUR L'UTILITÉ DES FOSSILES MÊME INDÉTERMINÉS ET PARTICULIÈREMENT DES GRYPHÉES ET DES EXOGYRES POUR LA DÉTERMINATION DES TERRAINS.

5 pages. t. XI, page 126 (1840). — Voir le n° 6.

N° 21—NOTE SUR LE TERRAIN TERTIAIRE DU DÉPARTEMENT DE L'AUBE.

12 pages, t. XII, page 13 (1840).

N° 22. — NOTICE SUR LES DÉPOTS DILUVIENS DU DÉPARTEMENT DE L'AUBE ET PARTICULIÈREMENT SUR CEUX DE LA HAUTE-SEINE.

14 pages, t. XIII, page 63 (1841)

Ce petit mémoire, par les observations soignées qui lui ont servi de base, nous paraît être de nature à contribuer à la connaissance du diluvium des vallées, et à l'explication de ce phénomène sur lequel les géologues sont loin d'être d'accord. Les conclusions par lequel il se termine, tendent à appuyer l'opinion des anciens géologues qui pensaient que chaque rivière a creusé sa vallée, et que chaque vallée a été comblée par des matériaux provenant des montagnes qui l'encaissent et de celles qui la dominent en amont.

N° 23.—LETTRE A M. ÉLIE DE BEAUMONT SUR LE TERRAIN A NUMMULITES DES CORBIÈRES ET DE LA MONTAGNE-NOIRE.

3 pages avec coupe figurée, t. XIV, page 527 (1843). — Voir le n° 9.

2e Série.

N° 24. — EXTRAIT D'UN MÉMOIRE SUR LE TERRAIN JURASSIQUE DU DÉPARTEMENT DE L'AUBE.

10 pages, t. I, page 29 (1843).

N° 25.—RÉSUMÉ D'UN MÉMOIRE SUR LE TERRAIN A NUMMULITES DES CORBIÈRES ET DE LA MONTAGNE-NOIRE.

13 pages, t. II, page 11 (1844). — Voir le n. 9.

N° 26. — OBSERVATIONS SUR UNE COMMUNICATION FAITE PAR M. LE Dr FITTON, SUR LE LOWER-GREENSAND DE L'ILE DE WIGHT.

6 pages, t. II, page 41 (1844).

N° 27. — LETTRE SUR LE TERRAIN A NUMMULITES DES CORBIÈRES.

4 pages, t. II, page 270 (1845).

N° 28. — TABLEAU CHRONOLOGIQUE DES TERRAINS SÉDIMENTAIRES.

T. III, page 58 (1845).

N° 29.—ANALYSE DE LA STATISTIQUE MINÉRALOGIQUE ET GÉOLOGIQUE DU DÉPARTEMENT DE L'AUBE.

6 pages, t. III, page 518 (1846).— Voir le n° 2.

N° 30. — EXTRAIT D'UN MÉMOIRE SUR UN NOUVEAU TYPE PYRÉNÉEN PARALLÈLE A LA CRAIE PROPREMENT DITE.

2 pages, t. VI, page 568 (1849). — Voir le n° 10.

N° 31. — OBSERVATION SUR UNE NOTE DE M. RAULIN OÙ IL EST QUESTION DU TERRAIN NUMMULITIQUE DES PYRÉNÉES.

8 pages, t. VII, page 90 (1850).

N° 32. — LETTRE A M. DE VERNEUIL SUR LE TERRAIN DE TRANSITION SUPÉRIEUR DE LA HAUTE GARONNE.

11 pages avec figures, t. VII, page 210 (1850).

Cette lettre est le point de départ de l'introduction, dans les Pyrénées, des systèmes dévonien et silurien. — Elle contient une coupe fondamentale de la vallée d'Aran, en amont de Saint-Béat, où l'on voit dans leurs véritables relations géognostiques : 1° le grès rouge pyrénéen (trias); 2° les schistes et calcaires glanduleux vivement colorés, à *goniatites*, *orthocères*, *encrines*, etc. (*Dévoniens*); 3° les calcaires noirs à orthocères et particulièrement *Orthoceras Bohemica, Cardiola interrupta*, etc..., avec dolomies reposant sur une puissante série d'ardoises et de schistes ou calschistes rubanés. Cette même coupe offre en aval le calcaire marmoréen (jurassique modifié) de Saint-Béat, percé à la tour de Lèz par une masse d'ophite.

N° 33. — OBSERVATIONS SUR QUELQUES TERRAINS DE LA PROVENCE.

5 pages, t VIII, page 202 (1851).

Ces observations, extraites de quelques notes prises pendant un voyage que je fis en Provence, en 1850, portent sur le calcaire à *Chama* et les argiles aptiennes d'une part, et d'autre part, sur le terrain à lignites si développé entre Aix et Fuveau.

Je fais voir dans ce petit travail que la roche à *Chama* ou *Caprotina* ne forme réellement qu'une assise peu développée à la partie supérieure d'un calcaire en masse qui constitue presque à lui seul les montagnes de la Provence et que je propose d'appeler *calcaire provençal*.

Je montre aussi la convenance de diviser le terrain lacustre compris entre le calcaire à hippurites et le gypse d'Aix en deux étages, dont l'inférieur seul garderait le nom de terrain à lignites, et dont le second au moins serait un représentant lacustre de la formation nummulitique qui manque justement en Provence, tandis qu'elle se développe largement à l'Est et à l'Ouest (1).

N° 34. — SUR QUELQUES LOCALITÉS DE L'AUDE, ETC.

7 pages avec figures, t. X, page 511 (1853).

Ce petit travail renferme plusieurs coupes avec figures, pour des localités intéressantes de l'Aude, comme Issel et la vallée du canal à Castelnaudary. Quelques-unes de ces coupes sont destinées à montrer dans plusieurs localités le calcaire lacustre à physes sous-jacent aux couches marines à nummulites.

N° 35. — NOTE SUR LE MASSIF D'AUSSEING ET DU SABOTH (H^{te}-GARONNE)

11 pages avec coupes figurées, t. X, page 518 (1853).

La brochure dont il s'agit aurait pu fournir la matière d'un Mémoire fondamental qui aurait certainement attiré l'attention des géologues; mais sa forme modeste et l'exiguité des figures ont beaucoup retardé l'effet qui aurait dû résulter immédiatement des observations qui s'y trouvent indiquées. Cette note renferme une description très-courte de la craie proprement dite de la Haute-Garonne et de l'ensemble que j'appelais alors *épicrétacé*, et montre sous des formes très-curieuses les relations stratigraphiques de ces deux types pyrénéens que j'avais d'abord établis par les fossiles.

La partie la plus nouvelle et la plus originale de cette note consiste dans la présence entre la craie, y compris les couches de Maëstricht, et le terrain nummulitique, de trois assises intermédiaires, dont deux tout-

(1) Cette question a fait récemment des progrès remarquables dans le sens que j'indique ici. Le terrain supérieur à la formation à lignites doit être lui-même divisé en deux parties, dont l'une serait garumnienne et l'autre nummulitique, l'étage à lignites représentant la craie proprement dite.

à-fait nouvelles, et que j'ai fini par rapporter à la craie après une longue hésitation, et enfin d'une troisième assise également crétacée, véritable colonie soudée au terrain nummulitique, qui, malgré sa postériorité évidente à la craie de Maëstricht, dont elle est même séparée par les deux assises précédentes, contient avec de nombreux fossiles de divers genres qui lui sont propres, des oursins de la craie moyenne comme *Micraster Tercensis*, *Ananchytes ovata*, *Hemiaster nasutulus*, représentés par un grand nombre d'individus.

N° 36. — DU PHÉNOMÈNE DILUVIEN DANS LA VALLÉE DE LA GARONNE.

5 pages avec coupes figurées, t. XII, page 1299 (1855).

La vallée de la Garonne peut être regardée comme classique à l'égard du diluvium, parce qu'on y voit l'effet presque immédiatement lié à la cause. D'un autre côté, le développement magnifique de ses terrasses au parallèle de Toulouse et à l'Ouest de cette ville est un des traits les plus intéressants et des plus marqués de la géologie de l'Aquitaine.

J'ai eu l'occasion d'exposer ces faits, et la théorie qui sert à les lier et à les expliquer, au Congrès géologique réuni à Paris, en 1855, et j'en ai consigné la substance dans la courte note et la coupe dont il est ici question.

J'attribue tout simplement la formation de la vallée et son comblement à l'action des eaux douces descendues des Pyrénées à la fin de la période glaciaire.

N° 37. — CATALOGUE DES ÉCHINIDES FOSSILES DES PYRÉNÉES PAR MM. COTTEAU ET LEYMERIE.

36 pages, t. XIII, pages 319 (1856).

Par les divers échinides que j'ai eu l'occasion de recueillir dans mes courses pyrénéennes, depuis Narbonne jusqu'à Bayonne, le nombre des espèces de cette région a été tout d'un coup porté à 98, réparties dans 40 genres. Le travail que je signale ici contient le catalogue descriptif de ces fossiles, exécuté par les soins de M. Cotteau, si estimé des géologues pour ses connaissances spéciales et pour le soin consciencieux qu'il apporte dans toutes ses déterminations.

N° 38. — CONSIDÉRATIONS GÉOGNOSTIQUES SUR LES ÉCHINODERMES DES PYRÉNÉES

11 pages, t. XIII, pages 784 (1856).

Le travail paléontologique dont il vient d'être question m'ayant fourni un élément important, un nouveau *criterium* pour la détermination et pour la classification des terrains pyrénéens, il était naturel que je m'en servisse pour contrôler les résultats auxquels j'étais arrivé déjà par la stratigraphie combinée avec l'ensemble des fossiles. C'est ce que j'ai fait dans cette note où je signale l'accord que ce contrôle fait ressortir entre les résultats de mes anciennes observations et ceux qu'apportent particulièrement les oursins.

N° 39. — COUPES DU TERRAIN JURASSIQUE DES PYRÉNÉES-FRANÇAISES.

T. XIII, Légende, page 651 ; planche, page 784 (1856). — Voir le n° 49.

N° 40. — COMPTE-RENDU DE LA SOCIÉTÉ GÉOLOGIQUE A SAINT-GAUDENS

75 pages avec carte coloriée, coupes et vignettes, t. XIX, page 1089, (1862.)

Sur l'invitation de mes confrères qui m'avaient fait l'honneur de me nommer président de la réunion, je me suis chargé de la rédaction de ce compte-rendu, qui renferme toutefois des notes de MM. Hébert, Gaudry et Collomb.

Les courses qui ont été relatées dans ce rapport forment deux séries distinctes. L'une se compose de celles qui ont eu lieu dans les basses montagnes qui préludent pour ainsi dire aux Pyrénées; l'autre série comprend les excursions dans les hautes montagnes, qui ont eu pour point de départ Bagnères-de-Luchon.

Les courses de la première série ont amené la Société sur les terrains supérieurs des Pyrénées. Elle les a étudiés d'abord dans le petit massif d'Ausseing, dont le soulèvement anticlinal a mis ces terrains au jour, et de l'autre côté de la Garonne, dans les environs d'Aurignac.

Les étages observés consistent dans la *craie proprement dite*, l'étage *garumnien* et le terrain à *nummulites,* terrains qui forment, à la base des hautes montagnes, des zones parallèles qui se trouvent représentées sur la carte coloriée annexée au rapport, et dont la composition est accusée dans un certain nombre de coupes formant une planche.

La Société a pu voir, de ses yeux, dans les deux régions partout où je l'avais indiqué, le nouveau type crétacé (*garumnien*), intercalé entre la craie de Maëstricht et le calcaire à milliolites qui, partout, constitue le premier terme de la série nummulitique.

Cette série comprend encore une excursion à Salies, où la Société a pu reconnaître l'ophite et les curieux effets de l'éruption de cette roche. Cette excursion a été relatée par M. Hébert. Nous devons d'ailleurs à M. Gaudry deux notes annexées à cette partie de notre travail : l'une sur la grotte d'Aurignac, l'autre sur le *Dinotherium*, énorme proboscidien, dont de nombreux individus ont habité le pied des Pyrénées à l'époque miocène.

Les courses de la seconde série ont eu lieu dans les hautes montagnes sur les terrains anciens. Elles ont fait reconnaître à nos confrères les schistes cristallisés, puis les schistes carburés et les calcaires cristallins des environs de Luchon, où ces terrains ont été soulevés par un typhon granitique au bord duquel sourdent les eaux sulfureuses de cette célèbre station thermale. La vallée d'Oueil leur a montré les calschistes et les calcaires amygdalins de la période dévonienne. — Dans une excursion au port de Venasque, dont le compte-rendu a été fait par M. Hébert, on a traversé les mêmes schistes anciens déjà reconnus à Luchon, et nos confrères ont pu jouir, en atteignant le port, du spéctacle splendide du massif granitique de la Maladetta et de son glacier. Celui-ci qui avait été exploré antérieurement par M. Collomb, a été l'objet d'une note spéciale de cet honorable confrère qui a tant étudié cette partie intéressante de la science géologique.

Enfin, une dernière et longue excursion dans la partie inférieure des vallées de la Pique et d'Aran, a mis la réunion en présence des calcaires dévoniens et des autres assises de Cierp et du calcaire silurien à Orthocères de Marignac et de Lez, et elle a vu avec intérêt à Lez le grès rouge pyrénéen séparé par un soulèvement ophitique des montagnes de marbre de Saint-Béat. Enfin, elle a pu jeter un coup-d'œil sur le curieux soulèvement du Pic-du-Gar, qui semble avoir arraché des entrailles de la terre le terrain granitique et le terrain de transition couronné par le grès rouge surmonté d'une épaisse masse de calcaire jurassique.

Au moment de prononcer la clôture de la réunion, j'ai cru devoir résumer toutes les observations de cette campagne géologique dans une coupe générale des Pyrénées de la Haute-Garonne, qui se trouve figurée et décrite à la fin de mon travail.

N° 41 — ESQUISSE GÉOGNOSTIQUE DE LA VALLÉE DE L'ARIÉGE.

46 pages, avec coupes figurées Tome XX, page 245 (1863.)

J'ai voulu, en rédigeant cette esquisse, utiliser les observations que j'avais faites à diverses époques dans la vallée de l'Ariége. J'y d'écris d'abord la vallée de fracture ou de montagne que je fais commencer au pont de Cerda, un peu au-dessus de l'Hospitalet et qui se termine à Saint-Jean-de-Verges. Je m'occupe ensuite de la vallée d'érosion ou de la plaine et aussi d'une partie intermédiaire, sorte de transition comprise entre

Saint-Jean et Varilhes. Cette description est à la fois topographique et géologique.

Je commence naturellement par les terrains cristallins, en grande partie granitiques, qui constituent la haute vallée entre l'Hospitalet et Ax, et par des schistes de transition et des calschistes amygdalins, qui leur succèdent; puis, après avoir jeté un regard sur les ophites de la région de Lordat, je passe en revue les calcaires secondaires d'Ussat et ceux de Bédeillac auxquels j'ai étendu à tort la qualification de *jurassique* qui ne doit appartenir qu'aux premiers. — Passé Tarascon se présentent de nouveau les terrains anciens. Après avoir parlé de ces terrains et des gypses qui leur sont en quelque sorte associés, je m'occupe des calcaires, des grès et des schistes terreux du vallon de Saint-Paul. J'indique au sud de ce village, sur le côteau, un membre du lias; mais je laisse peut-être un peu trop soupçonner mes incertitudes à l'égard des grès et schistes de Celles et du calcaire de Mont-Gaillard que je reconnais maintenant pour être crétacés.

Enfin la belle série d'assises qui se développe d'une manière sinormale au nord de la montagne de Saint-Sauveur et du Pech de Foix, m'a offert au-dessus du *grès vert* de ces montagnes que je n'avais qu'imparfaitement étudié et que je considérais alors comme exclusivement cénomanien (1), d'abord le *sénonien* dans le grès de La Barre, puis le *garumnien* et enfin le *calcaire à Milliolites* dans la crête de Saint-Jean, au nord de laquelle se trouve le gîte des Nummulites dans une dépression à laquelle succède la montagne de Crampagna constituée principalement par le poudingue de Palassou. Je montre enfin ce poudingue à éléments calcaires passant avec une inclinaison marquée sous le Pech de Varilhes, où commence la formation horizontale dont le dépôt a eu lieu, à l'époque miocène, après le grand soulèvement pyrénéen.

Je termine en donnant une description de la vallée d'érosion ou de la plaine et du dépôt de comblement (diluvium) qui en constitue le fond.

N° 42. — NOTE SUR LE SYSTÈME GARUMNIEN.

6 pages, t. XX, page 483 (1863.) — Voir l'article général n° 46.

N° 43 — NOTE SUR LE SYSTÈME GARUMNIEN.

9 pages, t. XXII, page 360 (1865). — Voir l'article général n° 46.

---

(1) J'y ai reconnu depuis le néocomien (urgo-aptien) et même le gault (albien) que je regarde toutefois comme local et adventif.

N° 44. — NOTE SUR LE SYSTÈME GARUMNIEN.

2 pages, t. XXIII, page 550 (1866). — Voir n° 46.

N° 45 — LETTRE A M. DE VERNEUIL SUR LE TYPE GARUMNIEN.

7 pages, t. XXIV, page 308 (1867). — (Voir l'article général n° 46).

N° 46. — NOUVELLE NOTE SUR L'ÉTAGE GARUMNIEN.

(Compte-rendu des Séances de la Société géologique à Montpellier, t. XXV (1868).

Le résumé de cette note se trouve compris dans l'article général qui suit, où j'ai rassemblé la substance des diverses communications dont l'étage garumnien a été l'objet depuis 1862 jusqu'en 1869.

Après avoir séparé la formatiou nummulitique du terrain crétacé des Pyrénées par mon travail sur les Corbières et la Montagne-Noire; ayant, d'un autre côté, démontré par un Mémoire sur Gensac et Monléon l'existence vers la base de ces montagnes, dans leur moitié orientale, de la craie proprement dite, y compris la craie de Maëstricht, qui s'y trouve très-bien caractérisée, ayant fait voir dans la coupe du massif d'Ausseing les deux formations en superposition clairement concordante, j'ai fait remarquer qu'il existait entre elles néanmoins un système intermédiaire d'environ 300^{m} de puissance, ayant des caractères tout particuliers, qui se terminait par une véritable colonie riche en oursins crétacés.

Fort embarrassé en présence de ce terrain nouveau superposé à la craie la plus récente qui fut connue hors du Danemarck, je l'avais d'abord rattaché au système à nummulites dans lequel il fallait forcément admettre une *colonie crétacée*. De là le nom d'*épicrétacé*, qui exprimait assez bien l'état des choses dans cette première phase de mes observations. J'en étais là lorsque j'ai adressé à la Société géologique en 1853, ma note sur le massif d'Ausseing. (N° 35 du Catalogue.)

Depuis, ayant remarqué que l'étage intermédiaire ne renfermait aucune couche réellement éocène et que, indépendamment de la colonie qui en constitue la partie supérieure, il contenait des sphérulites à la base, je me suis décidé à le considérer comme *crétacé*, et ne trouvant rien qui pût lui correspondre ailleurs, j'ai dû en faire un type nouveau sous le nom de *Garumnien*, type qui ne pouvait être comparé pour l'âge qu'à la craie encore peu connue du Danemarck, dont la faune toutefois se trouve être fort différente.

C'est ainsi que je présentai les choses à la Société géologique, réunie extraordinairement à Saint-Gaudens, en 1862, après lui avoir fait reconnaître les faits sur le terrain, d'abord à la montagne d'Ausseing et ensuite aux environs d'Aurignac (voir le compte-rendu résumé au n° 40 du Catalogue). Je fis pressentir dès ce moment la contemporanéité du nouvel étage et de celui que M. d'Archiac avait signalé dans les Corbières sous le nom de *groupe d'Alet.*

J'insistai un peu plus sur ces faits et sur ces rapprochements, en 1863 et 1865, dans deux notes insérées au *Bulletin* de la Société géol. (Voir les n°s 42 et 43), où je fis connaître la précieuse adhésion de M. Desor, à l'égard de la colonie à oursins crétacés.

Une nouvelle communication faite à la Société (n° 44) et à l'Académie des Sciences de Paris (n° 76) fit connaître l'extension de ce type, principalement marin sur les bords de la Garonne, avec un faciès lacustre rutilant à travers l'Ariége, l'Aude et l'Hérault jusqu'en Provence. Je démontrai particulièrement, dans ce petit travail, que le groupe d'Alet, considéré par M. d'Archiac comme formant la base du terrain tertiaire dans l'Aude, devait réellement être divisé en deux assises, l'*une et l'autre crétacées*. La première (grès d'Alet) étant *sénonienne*, tandis que la seconde (assise lacustre rutilante) correspondait seule au type *garumnien*.

Tous ces faits et ces nouvelles vues ont été résumés dans ma lettre adressée à M. de Verneuil (n° 45), où se trouve exprimée la conjecture que l'étage garumnien doit exister en Espagne, conjecture qui s'est transformée en réalité par les observations citées par notre éminent confrère et plus récemment par celles que je viens de faire dans la vallée de la Sègre. (Voir les n°s 48 et 81.)

Enfin, à la dernière réunion extraordinaire à Montpellier, la Société ayant observé, en plusieurs points du département de l'Hérault, le garumnien rutilant, j'ai cru devoir donner dans le compte-rendu de cette session (*Bulletin* de la Société géol., t. XXV), un nouveau résumé de l'état de nos connaissances sur ce sujet, où je crois avoir réussi à montrer comment le nouveau type passait du faciès marin de la Haute-Garonne au faciès lacustre qu'il prend en Languedoc et en Provence. — J'ai eu la satisfaction, à la réunion même, de voir ma nouvelle création loyalement adoptée par les géologues les plus distingués du Midi, c'est-à-dire par ceux qui sont le plus au courant de la question et qui avaient le plus d'intérêt à la voir résolue.

N° 47. — MÉMOIRE POUR SERVIR A LA CONNAISSANCE DE L'ÉTAGE INFÉRIEUR DU TERRAIN CRÉTACÉ DES PYRENÉES.

Avec vignettes, une planche de coupes et une de fossiles, t. XXVI (1869).

La question du terrain crétacé inférieur des Pyrénées est une des plus difficiles qui se soient présentées à moi dans ma carrière de géologue actif, tant à cause des caractères particuliers et des anomalies des calcaires secondaires supérieurs au lias, que des analogies qu'ils offrent à la fois avec le terrain crétacé et avec la formation jurassique. Après maintes oscillations, j'ai fini par m'établir dans une manière de voir radicale qui consiste à comprendre tous ces calcaires dans le terrain crétacé.

C'est cette solution que je cherche à motiver et à soutenir dans le Mémoire dont il s'agit.

J'y prouve que le calcaire à dicérates de Dufrénoy, caractérisé par *Caprotina Lonsdalei*, se présente plusieurs fois dans la série secondaire, au-dessous de la craie proprement dite, où il alterne avec des assises dont les unes ont une faune aptienne et les autres renferment des nérinées à faciès jurassique.

Je montre toutes ces couches formant un grand ensemble *urgo-aptien*, que j'ai été conduit à désigner par le nom plus vague et plus général de *grès vert*, en considération des fossiles albiens et même cénomaniens qui s'y introduisent en certaines places.

Je distingue dans ce puissant système trois faciès : 1° un faciès urgonien qui consiste dans le calcaire à dicérates; 2° un faciès aptien ordinairement argileux ou marneux, principalement caractérisé par *Exogyra sinuata* ou *aquila ;* 3° un faciès *mixte*, accusé surtout à *Foix* (Ariége) et à *Vimport* (Landes), où il renferme de nombreuses orbitolines conoïdes de petite taille, (*Orbit. conoïdea* et *discoïdea* Albin Gras) des térébratules néocomiennes, des rhynconelles, la plupart nouvelles, et une espèce particulière de térébratelle, *Terebratella crassicosta* Nobis.

Ce Mémoire est d'ailleurs accompagné d'une grande planche de coupes et d'une autre planche où se trouvent figurées les espèces nouvelles de brachiopodes qui jouent un rôle important dans le terrain dont il s'agit et dont je donne la description à la fin du Mémoire où j'ai introduit également quelques vignettes indispensables.

Ce travail est terminé par un tableau où j'essaie de montrer l'état actuel de nos connaissances à l'égard du terrain crétacé des Pyrénées considéré d'une manière générale.

N° 48. — RÉCIT D'UNE EXPLORATION GÉOLOGIQUE DANS LA VALLÉE DE LA SÈGRE. (*Catalogue.*)

Avec une planche de coupes et vignettes, t. XXVI (1869.)

Le petit voyage dont je donne la relation détaillée dans le Mémoire dont il s'agit, avec une coupe générale et quelques coupes particulières, avait pour principal objet de reconnaître par moi-même jusqu'à quel degré s'élevait la symétrie et la correspondance des terrains entre les deux versants de la chaîne des Pyrénées, considérés à-peu-près dans une même ligne méridienne.

Après avoir étudié le bassin de la Cerdagne, qui n'est autre chose que le fond d'un ancien lac entouré de montagnes schisteuses, j'ai successivement porté mes observations sur les divers terrains qui se sont présentés à moi en descendant la vallée qui n'est réellement qu'une longue gorge interrompue en quelques points par des évasements ou petits bassins, dont le principal est celui d'Urgel.

Jusqu'à cette ville, et même un peu plus loin, règne le terrain de transition principalement dévonien. — Puis, vient le terrain secondaire qui est représenté là d'une manière très-intéressante par deux séries, l'une normale, l'autre renversée.

La première que caractérise une inclinaison générale au Sud, conforme au versant de ce côté de la chaîne, comprend le grès rouge pyrénéen, le lias et le grès vert consistant principalement en un massif calcaire de couleur sombre qui, dans les gorges d'Organya, offre un pendant exagéré des défilés qui, dans la vallée de l'Aude, sont connus sous les noms de *Pierrelis* et de *Saint-Georges.*

La série renversée où domine le plongement Nord contraire à la pente du versant espagnol, séparée de la précédente par une faille au col de Nargo, commence brusquement par le terrain garumnien, qui d'abord rutilant à faciès lacustre, offre à sa partie inférieure des dalles à lignites avec huîtres et cyrènes comme dans la Haute-Garonne. Sous ce système qui butte contre le grès vert de la première série, passe en parfaite concordance un puissant étage sénonien, puis le calcaire à hippurites sous lequel plonge le lias, et enfin le trias principalement composé par un poudingue rougeâtre d'une grande puissance.

Au-delà de ces poudingues, le bassin d'Oliana sépare les véritables montagnes d'une région mamelonnée de grès, d'argiles et de poudingues éocènes qui offrent la plus grande analogie avec les terrains des environs de Carcassonne.

Ce Mémoire, assez étendu, dont un extrait a été inséré dans le compte-rendu de l'Académie des Sciences de Paris (voir le n° 81), a été communiqué à la Société géologique et sera imprimé dans son *Bulletin*.

HISTOIRE DES PROGRÈS DE LA GÉOLOGIE (d'Archiac.)

N° 49 — MÉMOIRE SUR LE TERRAIN JURASSIQUE DANS LES PYRÉNÉES FRANÇAISES.

18 pages, t. VI, p. 341 (1856)

Les coupes figurées de ce mémoire ont été insérées dans le *Bulletin de la Société géologique*, 2e série, t. XIII (1856). — (Voir le n° 39).

Ce travail a été rédigé à la demande du savant auteur des progrès de la géologie pour être inséré dans cet ouvrage. Il contient une première ébauche de la description du terrain jurassique si développé et si embrouillé dans les Pyrénées. J'y esquisse le lias, j'y indique l'existence d'un étage supérieur principalement représenté par le calcaire à nérinées et l'incorporation du calcaire à dicérates.

L'étage supérieur au lias, y compris le calcaire à dicérates intercalé, que je considérais alors comme jurassique, a été récemment rattaché à la formation crétacée et décrit comme tel dans un travail encore inédit (voir le n° 47). Ce Mémoire est accompagné de coupes figurées qui ont reçu l'hospitalité dans le *Bulletin* de la Société géologique, l'ouvrage de M. d'Archiac ne comportant pas de figures.

COMPTES-RENDUS DE L'ACADÉMIE DES SCIENCES (Institut)

N° 50. — MÉMOIRE SUR LES TERRAINS SECONDAIRES INFÉRIEURS DU RHÔNE. (*Extrait*).

T. VI, page 674 (1838). — (Voir le n° 7).

N° 51. — NOTE SUR LE TERRAIN CRÉTACÉ DE L'AUBE.

T. VII, page 700 (1838)

N° 52. — LETTRE A M. ARAGO SUR LES PUITS ABSORBANTS ET LES FONTAINES JAILLISSANTES DU CANTON DE SOULAINES (AUBE.)

t. VIII, page 974 (1839.)

N° 53— MÉMOIRE SUR LE TERRAIN CRÉTACÉ DE L'AUBE. (*Extrait.*)

T. X. page 613 et t. XI, page 903 (1840). — (Voir le n° 8.)

N° 54. — MÉMOIRE SUR LES DÉPÔTS DILUVIENS DE L'AUBE. (*Extrait.*)

T. XII, page 989 (1841). — (Voir le n° 22.)

N°s 55 et 56. — LETTRES A MM. ELIE DE BEAUMONT ET ARAGO SUR UN GISEMENT DE MERCURE NATIF DANS L'AVEYRON.

T. XVI, pages 1313 et 1451 (1843).

Ces lettres font connaître le résultat d'un voyage que j'ai fait en compagnie de M. Bouloumié, en 1843, sur les bords du plateau du Larzac (Aveyron), dans le but de constater l'éjaculation, à différentes époques, du mercure natif au-dessus des marnes liasiques de cette contrée sauvage.

L'enquête minutieuse à laquelle nous nous sommes livrés sur les lieux, et notamment à Saint-Paul-de-Fons, et les nombreux renseignements qui me sont arrivés des environs de Saint-Rome et de Milhau, ont confirmé pleinement les indications qui m'avaient été données à cet égard et qui m'avaient déterminé à me transporter dans cette contrée; et j'ai acquis, sur la réalité de ce fait remarquable, une entière conviction que j'ai cherché à faire partager aux géologues par les deux notes dont il s'agit.

N° 57. — NOTE SUR LE TERRAIN JURASSIQUE DU DÉPARTEMENT DE L'AUBE.

T. XVII, p. 1336 (1843).

N° 58. — MÉMOIRE SUR LE TERRAIN A NUMMULITES DES CORBIÈRES ET DE LA MONTAGNE-NOIRE. (*Extrait*).

T. XIX, page 343 (1844).— (Voir le n° 9).

N° 59 — NOTE SUR LES PIERRES LITHOGRAPHIQUES DÉCOUVERTES A LA BASE DES PYRÉNÉES FRANÇAISES.

T. XXI, page 56 (1845)

Ces pierres se trouvent dans l'assise moyenne de l'étage garumnien de la montagne d'Ausseing immédiatement sous la colonie à oursins crétacés, dans la commune de Belbèze. Leur pâte est très-fine; mais les nombreuses fissures qui les traversent s'opposent à ce que l'on puisse les débiter en dalles d'une largeur suffisante.

La même observation peut être appliquée à d'autres pierres que l'on a essayé d'exploiter à Vernajoul, près Foix, à la base nord de la montagne de Saint-Sauveur. Celles-ci dépendent du grès vert pyrénéen.

N° 60. — PRINCIPAUX RÉSULTATS DES RECHERCHES DE MM. JOLY ET LEYMERIE SUR LES NUMMULITES.

T. XXV, page 591 (1847).— (Voir le n° 90).

N° 61.— MÉMOIRE SUR UN NOUVEAU TYPE PYRÉNÉEN PARALLÈLE A LA CRAIE PROPREMENT DITE. (*Extrait*).

T. XXVIII, page 738 (1849). — (Voir le n° 10.)

N° 62. — VOYAGE AU MARBORÉ ET AU MONT-PERDU.

Note : T. XXIX, page 308 (1849).

Voilà encore une bien courte note, mais qui renferme plus d'importants résultats qu'on n'en trouverait dans beaucoup de volumineux Mémoires illustrés par de belles planches. Ce petit écrit, prodrome d'une relation détaillée que des travaux plus pressés m'ont forcé d'interrompre, contient en effet la substance des observations que j'ai eu l'occasion de faire, en août 1849, dans une ascension au sommet du Mont-Perdu, par la brèche de Rolland. Je venais à cette époque de découvrir la véritable craie à la base des Pyrénées centrales et de la séparer du système à nummulites, et ce fut sans difficulté, mais non sans une grande satisfaction, que je reconnus le premier type, c'est-à-dire la craie supérieure avec ses ananchytes, ses orbitolites et principalement *Ostrea larva*, dans les gradins du cirque de Gavarnie, et le terrain nummulitique dans la muraille du Marboré et principalement dans le massif du Mont-Perdu, où la petite nummulite dominante signalée par Ramond n'est autre chose que l'espèce d'Aurignac (Haute-Garonne), désignée par M. d'Archiac par le nom de *N. Leymerii.*

On sait que M. Dufrénoy, qui cependant avait bien reconnu ce gisement nummulitique, avait colorié, sans distinction, toute cette région en *vert,* teinte représentative du terrain crétacé inférieur.

Je suis revenu à Gèdre, mon point de départ, par le port de La Canau et Héas, en passant par la corniche du Mont-Perdu et sur les rochers escarpés qui couronnent le cirque de Gargantas, séparé de la vallée de Cinca supérieure, par une haute muraille d'où l'on ne peut descendre à cette vallée que par les fissures d'une paroi presque verticale d'une hauteur immense (*Las parets*). Pour arriver, de l'autre côté, au port de La Canau, il faut gravir un autre escarpement moins abrupte et cependant très-haut et très-fatigant. En descendant à Héas au milieu d'une épaisse brume qui me cachait le cirque de Troumouse, j'ai eu la bonne fortune de distinguer, au petit cirque de l'eau de Maillet, un calcaire crétacé pétri de rudistes, déjà indiqué par Ramond.

N° 63. — LETTRE SUR UNE MACHOIRE D'*Anthracotherium magnum*, DÉCOUVERTE A MOISSAC.

T. XXXII, page 943 (1851). — Voir le n° 94.

N° 64. — APERÇU DES PYRÉNÉES : PRODROME D'UNE DESCRIPTION GÉOGNOSTIQUE DE CES MONTAGNES. — (*Extrait*).

T. XL, page 1177 (1855). — Voir le n° 107.

N° 65. — DU TERRAIN JURASSIQUE DANS LES PYRÉNÉES FRANÇAISES.

T. XLII, page 730 (1856). — Voir le n° 49.

N° 66. — NOTE SUR QUELQUES POINTS DE LA GÉOLOGIE DES RÉGIONS PYRÉNÉENNES.

T. XLVI, page 140 (1858).

Mon but, en écrivant cette note adressée à M. Elie de Beaumont, était de montrer que les couches à coquilles lacustres signalées à Sabarat (Ariége), par MM Pouech et Noulet n'étaient qu'une dépendance du terrain nummulitique que j'appelais alors épicrétacé. — J'y reconnais déjà que la partie de la vallée du canal du Midi qui descend à la Méditerranée, à partir de Naurouse et le pays castrais, offre des pachydermes fossiles (*Palæotherium*, *Lophiodon*) qui semblent indiquer une époque (éocène) antérieure à celle où se sont développés les Rhinocéros, *Mastodon* et *Dinotherium* du bassin sous-pyrénéen proprement dit, fait que j'ai depuis établi stratigraphiquement dans un Mémoires pécial.

N° 67. — LETTRE A M. ÉLIE DE BEAUMONT SUR LE TERRAIN DE TRANSITION DE LA VALLÉE DE LA PIQUE.

T. XLVI, p. 636 (1858)

J'y fais part à mon illustre maître des premiers résultats de mes observations sur les terrains anciens de la Haute-Garonne, dans cette vallée, particulièrement aux environs de Luchon. Ces résultats consistent dans la reconnaissance, dans cet ensemble peu connu, de trois groupes de couches bien distincts, savoir : deux étages siluriens, dont l'un, le plus ancien, qu'on pourrait appeler aussi *Cambrien*, repose sur le granite de Luchon qui l'a soulevé. Il consiste en un gneiss schisteux et en des schistes phylladiens plus ou moins brillants qui se développent avec des caractères variés au voisinage de la crête. Cet étage azoïque est limité par un horizon noir formé par des schistes carburés et des calcaires où l'on trouve en certaines places des fossiles du terrain silurien supérieur. — Le troisième groupe (dévonien) est principalement caractérisé par des calschistes amygdalins à goniatites qui s'étendent sur la vallée d'Oueil et sur celle de Barousse, et qui sont remarquablement ondulés et courbés en voûte à Cierp, où le grès rouge pyrénéen leur est immédiatement superposé.

N° 68. — LETTRE A M. D'ARCHIAC SUR LE CALCAIRE A DICÉRATES DES PYRÉNÉES.

T. XLVI, page 848 (1858).

Je ne dirai que quelques mots de cette lettre écrite en faveur d'une opinion à laquelle j'ai renoncé. Je me croyais fondé alors à distinguer dans les Pyrénées deux calcaires à dicérates, dont l'un était jurassique. Cette manière de voir était appuyée sur des faits bien propres à induire en erreur et principalement sur la présence au sein de calcaires considérés jusqu'alors comme de l'âge du Jura, d'un calcaire à caprotines très-caractérisé. On verra au n° 47 que j'ai été amené par de nouvelles observations à ranger dans le terrain crétacé inférieur tous ces calcaires et les couches à dicérates (*caprotines*) qui s'y trouvent compris. — Ces oscillations, au reste, n'étonneront pas les personnes qui connaissent la difficulté de la question, surtout en ce moment où les géologues allemands semblent vouloir se servir, pour se tirer d'affaire à cet égard, d'un véritable expédient qui consiste dans la création d'un type jura-crétacé qu'ils appellent *tithonique*.

N° 69. — LETTRE A M. CORDIER SUR UNE ASCENSION AU SOMMET DE LA MALADETTA (PIC DE NÉTHOU) ET SUR LES GRANITES DES PYRÉNÉES DE LA HAUTE-GARONNE.

T. XLVII, page 129 (1858).

C'est le 1er septembre 1857 que je montai au sommet de la Maladetta (pic de Néthou) en compagnie de MM. Lembron et Lezat et d'autres personnes. Nous couchâmes à la Rencluse, à la base de la montagne et sur la limite du calcaire silurien et du massif granitique qui se trouve là en contact avec le terrain stratifié purement et simplement sans qu'il y ait rien qui puisse indiquer une influence quelconque de l'un sur l'autre. La roche de la Maladetta est donc un granite passif probablement soulevé à l'état solide des profondeurs de la terre. C'est un granite normal, vif et homogène; seulement, il est entrecoupé çà et là par quelques bandes d'une sorte d'eurite compacte quelquefois porphyroïde.

Le sommet du Néthou, comme toutes les hautes cimes composées de roches massives ou compactes, est formé par des blocs accumulés. Ayant examiné ces blocs, j'ai reconnu, à ma grande surprise, qu'ils n'étaient pas de granite ordinaire, mais que leur matière consistait en un elvan granitoïde à cristaux étroits et peu étendus de feldspath souvent rose, roche qui n'est peut-être qu'une variété de l'eurite éruptive dont nous venons de parler.

Dans la lettre où je fais part de ces faits à M. Cordier, je parle d'un granite porphyroïde gris à grands cristaux qui, associé à un granite grumelé et quelquefois réticulé, constitue la région des lacs supérieurs d'Oo. Le caractère éruptif de ces roches est manifeste, car on les voit pénétrer le gneiss, dont ils empâtent d'énormes fragments et des assises entière, fait qui apparaît d'une manière frappante au pic Quairat, aux Spijols, etc. J'appelais en conséquence ce granite *actif;* mais je lui annexais les roches granitiques essentiellement feldspathiques de Luchon et de Cierp, qui ne sont jamais porphyroïdes et dont l'extrême variabilité m'a suggéré le nom de *protéiques*, par lequel j'ai cru devoir les distinguer récemment.

Cette lettre contient enfin la mention de quelques granites à gros éléments qui affleurent vers la base de la chaîne, comme celui des montagnes du Labourd, dans l'arrondissement de Bayonne, et celui de Loucrup et de Visquer, près Montgaillard, au nord de Bagnères-de-Bigorre, qui semble avoir poussé des filons au sein des schistes terreux qu'on rapporte à la craie.

N° 70.—LETTRE A M. BABINET SUR UN PRINCIPE DE GÉOLOGIE RELATIF AUX EFFETS DU MOUVEMENT PRIMITIF DES GRANDS COURANTS D'EAU AUX ÉPOQUES ANTÉRIEURES A LA NÔTRE.

T. XLIX, page 795 (1859).

De nombreuses observations faites dans plusieurs parties du globe, notamment en Russie, ont prouvé que les cours d'eau actuels manifestaient une tendance à se porter vers leur droite. M. Babinet a saisi l'Académie des Sciences de Paris de cette question dans un Mémoire où il considère cette tendance, qu'il croit être générale, au mouvement de rotation de la terre autour de son axe.

De mon côté, j'avais fait l'observation que dans toutes nos vallées sous-pyrénéennes les rivières coulent à droite au pied de côteaux rapides entamés dans le terrain tertiaire qu'elles cherchent encore à ronger, tandis que, du côté opposé, c'est-à-dire sur leur rive gauche, s'étendent des alluvions caillouteuses ou graveleuses qui, dans les vallées principales, s'étalent largement sous la forme de terrasses étagées. Cet état de choses est même si évident et si général au pied des Pyrénées, que les paysans eux-mêmes le connaissent et l'expriment en termes agricoles, en disant : *A droite est le terre-fort et à gauche la boulbène.*

C'est cette application géologique du principe soutenu par M. Babinet, qui fait l'objet de la lettre dont il s'agit, lettre que cet éminent physicien a jugé digne d'être insérée dans les Comptes-rendus de l'Académie.

N° 71. — NOTE SUR LA CARTE GÉOLOGIQUE DE L'YONNE.

T. LII, page 153 (1861). — Voir le n° 3.

N° 72.—NOTE SUR LE TERRAIN TERTIAIRE POST-PYRÉNÉEN DU BIGORRE.

T. LII, page 237 (1861). — Voir le n° 84.

N° 73.—NOTE SUR L'ORIGINE DES ROCHES CALCAIRES ET DES DOLOMIES.

T. LIV, p. 566 (1862).— Voir le n° 95.

N° 74.—NOTE SUR LA DÉCOUVERTE DE L'ÉTAGE APTIEN AUX ENVIRONS D'ORTHÈZ.

T. LIV, p. 683 (1862).

Après avoir signalé, vers l'extrémité occidentale des Pyrénées, la présence d'un calcaire à *Caprina adversa* et *Sphærulites agariciformis* qui forme de ce côté de l'Aquitaine un pendant aux couches cénomaniennes des Charentes, caractérisées par les mêmes fossiles, je fais connaître dans cette courte communication la découverte à Sainte-Suzanne près Orthèz, d'une assise argileuse dont la détermination comme aptienne ne peut être mise en doute, puisqu'on y trouve en abondance *Exogyra sinuata*, *Toxaster Collegnii*, etc. — C'était alors le seul exemple qui fût connu de cette assise dans nos montagnes en dehors des Corbières et de la Clape.

Ces couches argileuses sont venues au jour par l'effet d'un relèvement particulier.

Elles semblent supporter un calcaire bitumineux noirâtre à *Caprotina Lonsdalei* qui renferme aussi de petites orbitolines conoïdes. Ces calcaires eux-mêmes passent sous un puissant étage de couleur blanche constituant le côteau qui, au nord d'Orthèz, monte au plateau tertiaire où commencent les landes, étage dont la plus grande partie appartient à la craie, et dans lequel cependant on a trouvé des *caprinelles* incontestables.

J'ai émis dans la même note l'opinion que le calcaire bitumineux à caprotines se prolongeait souterrainement jusqu'à Vimport, au bord de l'Adour, où il venait affleurer, après avoir passé sous Saint-Lon (Landes), où l'on exploitait naguère un combustible qui gisait très-probablement dans ce même calcaire.

N° 75. — SUR L'OPHITE DES PYRÉNÉES.

T. LXI, page 1105 (1865).

J'ai parlé de l'ophite dans plusieurs publications, notamment dans mes Éléments de Géologie et dans mon Esquisse des Pyrénées de la Haute-Garonne; mais j'ai été amené à en faire l'objet d'une communication particulière à l'Académie des Sciences de Paris, à l'occasion d'une note où M. Virlet exprimait la singulière opinion que cette roche résultait du métamorphisme d'un dépôt sédimentaire d'un âge déterminé.

J'ai rappelé les caractères éruptifs de l'ophite, sa composition, sa structure massive, sa dispersion irrégulière sur toute la longueur de la chaîne, son action sur les terrains qu'elle a traversés et les phénomènes curieux et variés qui l'accompagnent, comme la présence du gypse, du sel gemme, des eaux minérales, et enfin les principaux faits qui indiquent qu'elle a apparu à diverses époques. — Je démontre ensuite la convenance de conserver le nom d'*Ophite*, qui représente principalement un phénomène général très-caractéristique pour les Pyrénées.

N° 76. — NOTE SUR UN NOUVEAU TYPE TRÈS-RÉPANDU DANS LE MIDI DE LA FRANCE, PARALLÈLE A LA CRAIE DANIENNE.

T. LXIII, page 44 (1866). — Voir l'article général sur le garumnien, n° 46.

N° 77. — SUR L'AGE DU SYSTÈME D'ARGILES ROUGES ET DU CALCAIRE COMPACTE COMPRIS ENTRE BIZE ET SAINT-CHINIAN.

T. LXIII, page 1069 (1866).

N° 78. — SUR LES CARACTÈRES DU PHÉNOMÈNE DILUVIEN DANS LES VALLÉES DU TARN ET DE L'AVEYRON.

T. LXIV, page 1094 (1867). — Voir le n° 97.

N° 79. — OBSERVATIONS RELATIVES A UNE COMMUNICATION DE MM. MARTINS ET COLLOMB SUR LE PHÉNOMÈNE ERRATIQUE DE LA VALLÉE D'ARGELÈS.

T. LXVI, page 675 (1868).

C'est une simple note dans laquelle j'émets l'opinion que les géologues ci-dessus nommés ont fait une trop grande part aux glaciers dans leur beau Mémoire sur la vallée d'Argelès. Je rappelle que j'ai donné dans mon travail sur le terrain diluvien de l'Adour une explication pour l'amas de transport de Lourdes, qui, à mon avis, satisfait plus aux diverses conditions dont il est environné, que celle qui consiste à la considérer comme une moraine.

N° 80. — MÉMOIRE POUR SERVIR A LA CONNAISSANCE DE L'ÉTAGE INFÉRIEUR DU TERRAIN CRÉTACÉ DES PYRÉNÉES. (*Extrait*).

T. LXVII, page 82 (1868). — Voir le n° 47.

N° 81. — RÉCIT D'UNE EXPLORATION GÉOLOGIQUE DE LA VALLÉE DE LA SÈGRE. — *Catalogne* : (*Extrait*).

T. LXVIII, page 550 (1869. — Voir le n° 48.

N° 82. — SUR LA NON-EXISTENCE DU TERRAIN HOUILLER DANS LES PYRÉNÉES FRANÇAISES, ENTRE LES GÎTES EXTRÊMES DES CORBIÈRES ET DE LA RHUNE.

T. LXVIII, page 1040 (1869).

Je reviens dans cette note sur un sujet que j'avais déjà traité dans un Mémoire dont il sera rendu compte plus loin au n° 92. J'ai pu, dans ce nouveau travail, utiliser les nombreuses observations que j'ai eu l'occasion de faire dans toutes les vallées des Pyrénées, et dont un certain nombre sont postérieures à la date de la publication du premier travail. J'insiste surtout ici sur la superposition immédiate du grès rouge à des terrains de transition antérieurs à la houille.

NOTA. — On voudra bien me permettre de rappeler ici que j'ai été présenté trois fois comme candidat pour une place de correspondant de l'Académie, savoir : 1° le 22 novembre 1858, t. XLVII des Comptes-rendus, page 834 ; 2° le 29 octobre 1860, t. LI, page 689, et 3° le 14 avril 1862, t. LIV, page 802.

ACTES DE LA SOCIÉTÉ LINNÉENNE DE BORDEAUX

(3e Série).

N° 83. — NOTE GÉOGNOSTIQUE SUR AMÉLIE-LES-BAINS (*Pyrénées-Orientales*).

15 pages, t. XXIII, page 445 (1861).

Ce travail, dont le sujet se trouve circonscrit dans une petite région de la vallée du Tech (Pyrénées-Orientales), a pu néanmoins jeter un peu de lumière sur la géologie de cette partie extrême de la chaîne pyrénéenne, principalement par la détermination du grès rouge et de l'assise calcaire qui traversent la vallée à Amélie même, en passant sous un étage reconnu comme crétacé. Je crois avoir prouvé dans cette Notice que ce grès rouge et ce calcaire, sur l'âge desquels on était fort incertain et que plusieurs géologues étaient disposés à considérer comme crétacés, appartenaient, le premier au trias, et l'autre au lias, manière de voir qui a été confirmée depuis par les observations de M. de Verneuil sur le revers opposé en Catalogne et par celles que je viens de faire dans la vallée de la Sègre.

La présence à Amélie d'un porphyre quartzifère éruptif particulier, qui avait été regardé comme du granite jusqu'à mes observations, peut encore être signalé comme un des faits curieux que renferme cette notice.

N° 84. — MÉMOIRE SUR LE TERRAIN TERTIAIRE POST-PYRÉNÉEN DU DÉPARTEMENT DES HAUTES-PYRÉNÉES.

26 pages, t. XXIV, page 1 (1861).

Dans le cours de mes voyages, j'ai eu l'occasion de traverser un grand nombre de fois le zone de terrain tertiaire lacustre qui s'étend immédiatement à la base des Pyrénées, et d'observer cette partie sous-pyrénéenne de l'Aquitaine dans toutes les vallées. — Dans ces circonstances, j'avais un grand avantage pour l'étude des caractères et du mode de formation de ces dépôts post-pyrénéens, celui de voir toujours l'effet en rapport avec la cause qui réside évidemment dans le sein des montagnes.

Le Mémoire dont je cherche ici à indiquer la substance renferme une étude de cette partie du bassin qui est coupée par la vallée de l'Adour, dans les limites du département des Hautes-Pyrénées. On y voit le dépôt tertiaire (miocène) composé d'abord d'éléments grossiers et tumultueusement rassemblés, se lotir et se stratifier de plus en plus à mesure que l'on s'éloigne de la chaîne et passer ainsi au faciès marneux de la Gascogne.

A la limite Nord du département, ce terrain lacustre s'enrichit en calcaire, et, avant d'arriver à Aire, on voit l'élément marin des Landes s'y intercaler.

Ce travail local renferme toutefois des aperçus généraux sur la formation de tout le bassin sous-pyrénéen et sur l'origine des eaux douces qui ont joué un rôle si important, après le soulèvement des Pyrénées, dans cette partie de l'Aquitaine.

SOCIÉTÉ LINNÉENNE DE LYON.

N° 85. — EXTRAIT D'UN VOYAGE EN ALSACE, EN LORRAINE, ETC.

10 pages in-8° (1834).

REVUE DE TOULOUSE

N° 86. — ESQUISSE GÉOGNOSTIQUE DES PYRÉNÉES DE LA HAUTE-GARONNE.

Brochure in-8° de 103 pages (1851).

Cet ouvrage doit être regardé comme le prodrome de la description géologique du département de la Haute-Garonne, dont j'achève en ce moment la rédaction. Il a paru par articles dans la *Revue de Toulouse*, journal littéraire peu répandu ; mais un tirage à part m'a permis d'en disperser un certain nombre d'exemplaires.

Cette esquisse de la géologie de la Haute-Garonne est précédée d'un préambule où j'indique les deux phases par lesquelles a passé la géologie des Pyrénées avant d'arriver à celle qui est marquée par mes observations. — A la première se rattachent les noms vénérés des *Palassou*, *Ramond*, *Charpentier*; la seconde résulte des observations de *Dufrénoy*.

J'entre dans mon sujet par un coup-d'œil général sur la topographie de nos montagnes et sur leur constitution géognostique. Cette partie comprend un rapide aperçu des types que j'ai été conduit à adopter pour toute la chaîne.

J'arrive ensuite à la description abrégée des terrains de la Haute-Garonne, dont je rassemble préalablement les types dans un tableau auquel j'ai dû faire subir quelques modifications que j'indiquerai ci-après. Voici le résumé de ce tableau :

TABLEAU DES TERRAINS DE LA HAUTE-GARONNE

TERRAINS POST-PYRÉNÉENS.

Terrain diluvien.		*Terrain tertiaire......*	supérieur. moyen.

TERRAINS PYRÉNÉENS

Terrain tertiaire inférieur.		*Grès rouge pyrénéen* (Trias).	
Terrain crétacé.	garumnien. sénonien. grès vert.	*Terrain de transition*	dévonien. silurien supér. silurien infér. ou cambrien.
Terrain jurassique.	proprement dit. Lias.	*Terrain granitique.*	

Roches hors série : granite, eurite, ophite.
Matériaux adventifs : gypse, sel gemme, lignite.

Je n'entrerai ici dans aucun détail sur les terrains compris dans ce tableau; mais on me permettra de profiter de l'occasion que je trouve ici pour faire connaître les modifications ci-dessus annoncées. Elles se réduisent à deux qui ont une certaine importance.

La première porte sur la partie supérieure de la série des terrains pyrénéens qui, dans mon esquisse, se trouve fondue avec les couches supérieures de la craie sous le nom d'*épicrétacé*. De nouvelles observations m'ayant permis de tracer entre la craie et le terrain à nummulites (éocène) une ligne de démarcation tranchée, cette expression qui indiquait une transition doit disparaître. Le calcaire lithographique et la colonie que je comprenais dans ce groupe doivent être réunis aux argiles et sables à lignites à *cyrènes*, qui formaient la partie supérieure de la craie, pour constituer un étage crétacé supérieur à la craie à orbitolites et hemipneustes, étage que j'appelle *garumnien* : le terrain à milliolites et à nummulites restant seuls dans l'étage pyrénéen tout-à-fait supérieur qui correspond à l'éocène.

La seconde modification porte sur les couches à Nérinées et autres que je rapportais alors au terrain jurassique moyen, et qui devront maintenant être annexées à l'étage inférieur du terrain crétacé. (Voir le nº 47.) — Il va sans dire d'après cela que le calcaire à dicérates de Dufrénoy reste tout entier dans ce même étage dont j'avais cru devoir le faire sortir pour l'associer en partie à la formation jurassique.

ACADÉMIE IMPÉRIALE DES SCIENCES, ETC., DE TOULOUSE.
Mémoires. — (3e Série)

Nº 87. — EXPOSITION D'UN PLAN POUR LA CARTE ET LA DESCRIPTION GÉOLOGIQUE DU DÉPARTEMENT DE LA HAUTE-GARONNE.

14 pages, t. I, page 202 (1845).

Nº 88. — RAPPORT SUR LE CONCOURS POUR LE PRIX D'HISTOIRE NATURELLE.

12 pages, t. II, p. 252 (1846).

Nº 89. — COUPES DES COLLINES COMPRISES ENTRE MANCIOUX ET L'ESCALÈRE, PRÈS SAINT-MARTORY.

16 pages, avec une coupe figurée, t. II, page 289 (1846).

Le voyageur qui se rendrait de Toulouse aux Pyrénées par la vallée de la Garonne, en suivant la route impériale qui longe le fleuve sur sa rive gauche, se trouverait, après avoir dépassé Martres, entre Mancioux et Saint-Martory, et plus loin jusqu'à L'Escalère, en présence d'une coupe naturelle de collines pittoresques constituées par le terrain crétacé supérieur et le terrain nummulitique.

Ces rochers, dont Dufrénoy a parlé dans son Mémoire sur le terrain crétacé du midi de la France, porte des traces de relèvement et même de renversement et de dislocation très-marquées. — Le milieu est occupé par un calcaire nankin sénonien qui, évidemment, est descendu des hauteurs dont il est actuellement séparé par une faille. C'est contre ce calcaire que sont appuyées les maisons de Saint-Martory. De part et d'autre, c'est-à-dire au nord des ruines de Montpezac et un peu au sud de Saint-Martory, se trouve l'étage garumnien avec sa colonie, puis le calcaire à milliolites où commence le terrain nummulitique qui se termine enfin à Mancioux et à L'Escalère par le poudingue de Palassou. Il est remarquable que ce poudingue est renversé soit à une extrémité, soit à l'autre, et que du côté Sud les autres parties de la coupe partagent ce renversement.

Tel est le véritable état des choses que je n'ai reconnu que depuis une dizaine d'années. Ce n'est pas ainsi que les faits sont expliqués dans la notice qui fait l'objet de cet article. A l'époque où je l'ai écrite (en 1846), j'étais encore novice dans l'étude de nos Pyrénées, et je n'avais pas encore les éléments nécessaires pour la solution d'une question aussi difficile ; mais je n'ai rien à changer aux faits en eux-mêmes, circonstance qui témoigne en faveur de la sincérité de mes observations.

D'après ce qui précède, je prie le lecteur de considérer comme non-avenues ou de modifier conformément à mes nouvelles vues les conclusions de ma notice.

N° 90. — MÉMOIRE SUR LES NUMMULITES CONSIDÉRÉES ZOOLOGIQUEMENT ET GÉOLOGIQUEMENT PAR M. JOLY ET LEYMERIE.

Brochure in-8° de 69 pages, avec 2 planches, t. IV, page 149 (1848).

Je n'insisterai pas sur ce travail, dont la partie zoologique rédigée par mon savant collègue, M. Joly, est, sans contredit, la plus importante. Ma part consiste dans la formation d'une collection de nummulites sur laquelle mon collaborateur a pu exercer ses investigations, et dans la rédaction d'un chapitre où je cherche à montrer la distribution géographique et géologique de ces foraminifères. J'aurais aujourd'hui beaucoup de changements à introduire dans ce travail si j'avais à le recommencer, en présence des nombreuses observations qui ont été faites depuis 1848, époque où il a été publié.

N° 91. — NOTE SUR LES GÎTES SALIFÈRES DES PYRÉNÉES FRANÇAISES.

10 pages, t. V, page 113 (1849).

Cette note commence par des considérations générales sur l'origine du sel gemme et des sources salées des Pyrénées. J'y fais voir que la présence du sel dans ces montagnes n'est pas due en général à un dépôt sédimentaire, mais bien à des éruptions thermales qui ont accompagné l'ophite lorsqu'elle est venue se faire jour. — J'attribue la salure des sources à la dissolution du sel solide qui gît dans le sol, ainsi que l'ont prouvé plusieurs sondages, à une profondeur plus ou moins considérable.

Je passe ensuite en revue les divers gîtes qui étaient connus à l'époque où j'écrivais cette note, en suivant la chaîne de l'Est à l'Ouest.—Je n'avais pas alors de renseignements sur le sel gemme de Villefranque, près Bayonne, que j'ai eu l'occasion d'étudier depuis, et il n'en est pas question dans mon travail où je ne pouvais, à plus forte raison, parler de l'importante masse qui a été récemment découverte à Dax (Landes), au voisinage de l'ophite, roche qui est également en relation intime avec la mine de Villefranque(1).

N° 92. — OBSERVATIONS SUR LE PEU DE PROBABILITÉ DE L'EXISTENCE DANS LES CONTRÉES PYRÉNÉENNES, SOIT DE LA HOUILLE, SOIT D'AUCUN DÉPÔT CONSIDÉRABLE DE TOUT AUTRE COMBUSTIBLE FOSSILE.

12 pages, t. VI, page 217 (1850).

Je commence par mettre, en quelques pages, le lecteur au courant de la constitution géologique des Pyrénées et des principaux éléments qui les composent. J'entre ensuite dans le sujet spécial. Je fais voir que dans toutes les vallées françaises, le grès rouge (triasique ou permien), premier terme, dans tous les cas, de la série secondaire, repose d'une manière immédiate sur le terrain de transition, le plus souvent représenté par son étage supérieur (dévonien). Il n'y a rien entre ces deux terrains qui puisse être supposé appartenir à la formation houillère qui, cependant, devrait se trouver à cette place si elle existait.

Je mentionne toutefois, dans les Corbières, deux petits bassins houillers très-pauvres. J'ajoute ici que postérieurement à la date déjà assez ancienne de la publication dont il s'agit (1850), j'ai eu l'occasion de reconnaître un second gîte également très-restreint, mais bien caractérisé par les empreintes végétales qui s'y trouvent, au sud de Sare, derrière

(1) Je viens de reprendre ce sujet dans un travail où j'ai pu employer de nombreuses observations postérieures à la date du Mémoire dont il s'agit

la montagne de la Rhune, tout-à-fait à l'extrémité occidentale de la chaîne. Ces exceptions qui, chose remarquable! se montrent aux points extrêmes des Pyrénées, ne font que confirmer la règle qui reste bien établie pour l'ensemble.

Je parle ensuite des dépôts de lignites que l'on a reconnus en un assez grand nombre de points à la base des montagnes, dépôts que je croyais alors de l'âge du terrain à nummulites, tandis qu'ils appartiennent presque tous en réalité au terrain crétacé. — Je ne connaissais pas, à l'époque où j'écrivais ce petit travail, le gîte d'Orignac, près Bagnères-de-Bigorre, qui paraît faire partie de l'étage moyen du terrain tertiaire.

J'ai émis l'opinion que ces gîtes étaient généralement pauvres et que c'était à tort que beaucoup de personnes s'obstinaient à y voir l'indice de dépôts beaucoup plus riches dans la profondeur. J'ai indiqué particulièrement le peu de fondement des espérances que l'on avait conçues à l'égard de la mine alors exploitée de Saint-Lon, dans les Landes, au sein d'un calcaire que j'ai reconnu plus tard comme identique à celui de Sainte-Suzanne, près Orthèz (terrain crétacé inférieur).

4e Série

N° 93. — NOTE SUR LE PLAN EN RELIEF DES PYRÉNÉES DE LA HAUTE-GARONNE, PAR M. LÉZAT.

6 pages, t. I, page 346 (1851).

N° 94. — NOTE SUR UN *Anthracotherium magnum* DÉCOUVERT A MOISSAC, ET SUR L'AGE GÉOLOGIQUE DE CETTE PARTIE DU BASSIN SOUS-PYRÉNÉEN.

7 pages, t. I, page 388 (1851).

Le fossile dont il est question dans cette note consiste en une mâchoire inférieure d'un pachyderme que j'ai reconnu pour avoir appartenu à l'*Anthracotherium magnum* Cuvier. Il avait été découvert avec quelques dents de la mâchoire supérieure, dans le côteau qui borde la route de Bordeaux, au-dessus d'un faubourg de la petite ville de Moissac, par les ouvriers chargés d'entamer ce côteau pour l'adoucissement d'une côte rapide. Cette pièce fut remise à M. Lagrèse-Fossat, l'auteur de la Flore de Tarn-et-Garonne, et c'est chez lui que j'ai eu l'occasion de la voir. Grâce à l'obligeance de ce naturaliste, j'ai pu emporter ce précieux débris à Toulouse, où je l'ai étudié après l'avoir dégagé de sa gangue.

Le terrain qui renfermait cette mâchoire et qui a fourni plusieurs dents de deux Rhinocéros, dont un est le *Rh. minutus* Cuvier, consiste en une marne sableuse blanchâtre maculée de jaune, passant à l'argile, et en un sable plus ou moins argileux qui se développe principalement à la base. J'avais assimilé ce terrain dans ma note au terrain de Toulouse; mais je serais porté maintenant, conformément à l'opinion de M. Noulet, à le regarder comme plus ancien et à le faire descendre au niveau de l'assise inférieure de l'étage miocène.

6e Série

N° 95. — DE L'ORIGINE ET DU MODE DE FORMATION DU CALCAIRE ET DE LA DOLOMIE.

6 pages, t. II, p. 307 (1864).

Je montre dans ce petit travail l'insuffisance des moyens d'explication proposés jusqu'ici pour l'origine et le mode de formation des masses puissantes de calcaire et de dolomie qui jouent un si grand rôle dans les terrains et qui se développent dans une immense étendue de la surface du globe, et je propose une théorie basée sur la double décomposition des sels des anciennes mers (chlorure de calcium et de magnésium) par le carbonate de soude amené au sein de ces mers par des courants d'eaux thermo-minérales. Ces idées qui se trouvent exposées dans la première édition de mes Éléments de minéralogie et de géologie (1846), sont tout-à-fait conformes à celles que M. Cordier avait consignées dans un paquet cacheté, déposé au secrétariat de l'Académie des Sciences de Paris, que l'on n'a ouvert qu'en 1862, après la publication de mon livre. Ayant signalé cette coïncidence à coup sûr fortuite à l'Académie, elle a bien voulu faire droit à ma réclamation en faisant insérer dans ses Comptes-rendus (voir n° 73) les pages de mon livre qui contiennent l'explication dont il s'agit.

N° 96. — ESQUISSE GÉOGNOSTIQUE DE LA VALLÉE D'ASPE.

24 pages, t. IV, page 10) (1866).

J'ai suivi dans la rédaction de ce travail l'ordre que j'avais adopté pour l'Ariége. Je prends la vallée d'Aspe à son origine au Somport, et j'en décris successivement les différentes parties en descendant jusqu'à Oloron, où elle se réunit à la vallée d'Ossau.

Un des résultats les plus utiles de cette étude consiste dans l'observation que la couleur rouge du haut de la vallée, qui avait fait croire à l'existence du grès rouge pyrénéen, était réellement due à des schistes et calschistes dévoniens. — Au moment d'entrer dans le système secondaire qui commence par le lias, accompagné de dolomies à l'extrémité nord du bassin de Bédous, je signale le magnifique développement de l'ophite tout autour de cet évasement, et j'arrive vers le bas de la vallée au calcaire à dicérates (caprotines), et aux assises noires schistoïdes d'apparence aptienne qui s'y trouvent intercalées, ensemble qui constitue l'étage inférieur du terrain crétacé que j'appelle *grès vert*. Je montre la montagne de Binet. dernière crête de calcaire à caprotines formant à la sortie des montagnes une partie du mur au pied duquel s'abaisse tout le Bas-Béarn, constitué par la craie que représentent les schistes à fucoïdes.

N° 97. — NOTICE SUR LE PHÉNOMÈNE DILUVIEN DANS LE BASSIN DE LAVILLEDIEU, ETC.,

20 pages, avec une carte coloriée et des coupes, t. V, page 132 (1867).

Le bassin de Lavilledieu consiste en une large plaine diluvienne que domine Montauban et sur la bordure de laquelle se trouvent Moissac et Castel-Sarrazin. Trois vallées semblent avoir concouru à sa formation, savoir : la vallée de la Garonne, celle du Tarn et celle de l'Aveyron.

Dans quelle mesure ces vallées ont-elles apporté leurs alluvions dans ce bassin ? C'est le point que je me propose principalement de traiter dans la brochure que je résume ici.

La Garonne est bordée à l'Ouest par deux larges terrasses échelonnées, formées par des cailloux variés provenant des Pyrénées. J'ai établi ce fait ailleurs avec quelque développement. Ce régime est aussi celui du Tarn ; mais ici les matériaux de comblement sont essentiellement quartzeux et proviennent de montagnes qui dépendent du plateau central.

Une coupe figurée dans mon travail montre ces deux appareils diluviens très-différents de nature et d'origine et identiques de forme, séparés par une simple colline à l'est de Grisolles. — Plus loin, ainsi que le montre notre petite carte coloriée, le diluvium du Tarn envahit toute la place, de sorte que le bassin de Lavilledieu n'est composé que d'un gravier essentiellement quartzeux apporté par le Tarn et par l'Aveyron, à l'exclusion presque complète des cailloux pyrénéens de la Garonne.

Ce fait, des plus remarquables, paraît tenir à cette tendance singulière qu'avaient les cours d'eau anciens et que les rivières manifestent encore de nos jours, à se porter vers la droite, laissant, par suite, leurs alluvions à gauche.

N° 98. — ÉTUDE SUR L'ÉTAGE INFÉRIEUR DU BASSIN SOUS-PYRÉNÉEN, ET SUR LA NATURE PROBABLE DES ROCHES QUI LUI SERVENT DE FOND : APPLICATION A LA QUESTION DES EAUX SOUTERRAINES.

25 pages, avec une planche, t. VI, page 198 (1868)

Ce travail peut être regardé comme le complément de celui où j'ai traité du terrain miocène qui constitue essentiellement le sol du bassin sous-pyrénéen. Son point de départ se trouve dans les affleurements lacustres éocènes qui se relèvent autour du bassin, principalement du côté oriental où des couches caractérisées par des espèces de Mollusques éocènes et par des vertébrés de la même époque, semblent plonger en pente douce sous la molasse d'eau douce qui contient les Rhinocéros et les Mastodontes. Des coupes qui accompagnent le texte montrent cette disposition.

Un article spécial est consacré aux conjectures que l'on peut hasarder sur la nature du terrain qui sert de fond au bassin lacustre. Ce fond est probablement constitué par le calcaire jurassique superposé lui-même au grès rouge méridional.

En cherchant à appliquer ces notions à la recherche des eaux souterraines et principalement des eaux jaillissantes, je fais voir que la grande épaisseur du dépôt miocène prouvée par le sondage essayé à l'École vétérinaire, en 1830, et poussé jusqu'à 230^{m} sans avoir traversé ce terrain, et d'autres circonstances encore étaient contraires à la probabilité du succès de nouvelles tentatives de ce genre dans le pays toulousain. — Je montre enfin qu'il y aurait des chances favorables au contraire dans la vallée du canal, notamment aux environs de Castelnaudary.

SOCIÉTÉ IMPÉRIALE D'AGRICULTURE DE LA HAUTE-GARONNE.

Journal d'agriculture pratique pour le midi de la France.

N° 99. — NOTICE GÉOLOGIQUE SUR LE PAYS TOULOUSAIN.

Brochure de 50 pages, avec une planche.

Ce travail contient tout ce qu'il y a d'intéressant sur la géologie de

Toulouse et de ses environs. Il a été publié dans le journal de la Société d'Agriculture de la Haute-Garonne, en trois parties, dont nous allons donner une courte analyse.

1re *Partie.* — INTRODUCTION ET GÉNÉRALITÉS,
19 pages et une planche. — (Mars 1834).

Après quelques notions générales sur le bassin sous-pyrénéen et sur la formation et le comblement des vallées qui le sillonnent, j'aborde mon sujet régional.

Je parle d'abord de la vallée de la Garonne, qui est le trait le plus marqué de la topographie et de la géologie toulousaines. Cette vallée est limitée et encaissée du côté droit ou oriental par des côteaux rapides et écorchés qui accusent un dépôt marno-sableux de l'époque miocène. Au pied de ces côteaux coule le fleuve, tandis que du côté opposé, la vallée s'étend en étages jusqu'aux côteaux miocènes de la Gascogne, distants de 2 et 1/2 à 3 myriamètres.

Ces étages, dont le sol est principalement formé par des cailloux d'origine pyréuéenne, sont au nombre de trois. Ce sont trois plaines d'une régularité parfaite, dont la largeur et la hauteur vont en augmentant de l'Est à l'Ouest et dont l'ensemble constitue un appareil diluvien que l'on pourrait appeler *classique*. — J'admets trois grandes phases dans l'accomplissement de ce grand fait quaternaire, chacune étant caractérisée par une diminution et un retrait vers la droite des anciennes eaux garumniennes qui devaient avoir dans l'origine un volume et une vitesse considérables. Des coupes figurées représentent aux yeux ces trois états par lesquels la vallée a dû passer pour arriver à son état actuel où la Garonne, réduite relativement à un filet, cherche encore à ronger sa rive droite.

Je termine cette première partie de ma notice en esquissant les principaux traits des régions naturelles du pays toulousain, dont les deux principales ou fondamentales sont les collines et côteaux miocènes (*terre fort*) et les plaines diluviennes argilo-siliceuses (*boulbène*). J'indique particulièrement les différences hydrologiques, agronomiques et industrielles qui résultent de la constitution différente au point de vue de la géologie, de ces deux grands genres de pays.

2e *Partie.* — ÉTUDE SUR LA VALLÉE DU LHERS,
16 pages. — (Août 1854).

La vallée que suit le canal du Midi entre Naurouse et Toulouse, arrosée par le Lhers dans presque toute son étendue, vient déboucher aux portes de la ville dans la vallée de la Garonne, à la pointe de la colline dite *Pech David*, et elle joue un certain rôle dans la géologie du pays. Il était donc nécessaire de s'en occuper. Tel est l'objet de cette deuxième partie, à laquelle j'ai apporté tous mes soins.

L'alluvion de cette vallée consiste principalement en un limon jaunâtre (*lehm*). Cependant on y trouve, vers la base des côteaux, de minces dépôts de gravier assez menu, essentiellement quartzeux, qui diffère complètement des cailloux plus ou moins volumineux et variés de la Garonne, ce qui tient à ce qu'il dérive non plus des Pyrénées, mais principalement de la Montagne-Noire. C'est ici que commence, en effet, cet ordre de choses diluvien extrà-pyrénéen caractérisé par l'abondance du quartz et qui s'accentue largement dans les vallées du Tarn et de l'Aveyron.

Cette partie de mon étude de la vallée du Lhers est celle qui doit offrir le plus d'intérêt aux géologues. Le reste consiste en considérations d'une importance plus locale dont je m'abstiendrai de parler ici.

3e Partie. — DE TOULOUSE ET DE SES ENVIRONS IMMÉDIATS, 16 pages. — (Septembre 1857).

Le motif que je viens d'énoncer à la fin du résumé qui précède, m'engage également à me borner à quelques mots sur la position géologique de Toulouse. — La ville proprement dite, séparée par la Garonne du faubourg Saint-Cyprien qui est en plaine, est située sur un mamelon diluvien allongé dans le sens des côteaux miocènes de Guillemery et des redoutes au pied desquels il forme une légère saillie. La dépression et la forme de ce mamelon doivent être attribuées aux eaux du Lhers, qui passait autrefois de ce côté où il a laissé ses alluvions (1).

N° 100. — DE L'INFLUENCE QUE LE SOL PEUT EXERCER SUR LA CULTURE DE LA VIGNE.

19 pages (1867).

Le sujet de ce petit Mémoire ne comprend que deux exemples généraux où l'influence dont il s'agit est manifeste.

Le premier montre la supériorité relative des vins récoltés sur les terrains dont la base est le poudingue de Palassou, ainsi nommé, parce

(1) C'est au sein de ces alluvions qu'a été creusé le canal et le profond fossé où s'encaisse le chemin de fer du Midi, à l'est de la gare.

qu'il a été pour la première fois distingué par Palassou, observateur sagace et judicieux, qui nous a laissé d'importants Mémoires. Ce Nestor des géologues pyrénéens avait signalé cette influence des cailloux calcaires qui constituent le conglomérat pour les côteaux de Jurançon, près Pau. Je l'ai reconnu également pour la colline d'Ossun, dans la plaine de Tarbes, et pour la bande qui traverse le département de l'Ariége.

Les terrasses diluviennes de la vallée du Tarn m'ont offert le second exemple. J'ai fait voir que la supériorité des vins de Fronton et l'analogie que l'on remarque entre ces vins et ceux du Médoc (Bordelais), tenaient à l'analogie de position des vignes et à la ressemblance dans la nature du sol qui, dans les deux contrées, est essentiellement formé par un gravier siliceux.

N° 101. — SUR LES CONDITIONS GÉOLOGIQUES OÙ SE TROUVE LE PAYS TOULOUSAIN A L'ÉGARD DES EAUX SOUTERRAINES.

19 pages (1868).

La partie géologique de ce petit Mémoire se trouve résumée au n° 98.

BULLETIN DE LA SOCIÉTÉ ACADÉMIQUE DES HAUTES-PYRÉNÉES

N° 102. — MÉMOIRE SUR LE TERRAIN DILUVIEN DE LA VALLÉE DE L'ADOUR ET SUR LES GÎTES OSSIFÈRES DES ENVIRONS DE BAGNÈRES-DE-BIGORRE.

Brochure in-8° de 39 pages, avec une planche (1861).

Après quelques généralités sur le phénomène diluvien, le Mémoire que nous résumons ici offre d'abord une indication des blocs et dépôts erratiques qui dominent dans la vallée de Campan, et notamment de l'amas de Grip, qui pourrait être une moraine, ainsi que le pensent plusieurs géologues.

Vient après, la description du diluvium proprement dit dans la vallée de l'Adour, en aval de Bagnères, et particulièrement dans la grande plaine de Tarbes, où se dessine une terrasse du côté occidental, accident qui s'efface dans la partie de la vallée qui succède à la plaine jusqu'à Aire. La largeur exceptionnelle de ce bassin, dont une coupe figurée sur la planche peut donner une idée, tient à ce qu'il a été creusé, puis comblé par deux cours d'eaux puissants qui y débouchaient, l'un (l'ancien Adour), à Montgaillard, et l'autre au sud d'Ossun, où il n'existe maintenant aucune rivière.

Ce dernier n'était autre que le Gave de Pau, qui coulait autrefois dans le prolongement de la direction qu'il suit encore au-dessus de Lourdes, par le vallon d'Adé, et qui débouchait dans le bassin, un peu en amont d'Ossun. Ce vallon ayant été obstrué par les alluvions du Gave, celui-ci a dû se retirer progressivement et adopter la direction ouest qui le fait passer actuellement par la gorge étroite de Saint-Pé, direction qui fait avec la première, à Lourdes même, un angle droit.

Cet évènement géologique se trouve nettement accusé par l'amas considérable qui s'élève au nord de Lourdes et dont les talus à niveaux décroissants indiquent les affouillements successifs que le fleuve a faits dans ce dépôt en se retirant. La figure 2 de la planche déjà citée montre bien cet état de choses.

Dans cette manière de voir, dont la première idée est due à Palassou, l'amas de transport de Lourdes ne serait pas complètement une moraine, ainsi que MM. Martins et Collomb l'ont avancé récemment, mais bien un dépôt principalement formé par des eaux diluviennes.

Dans une dernière section du Mémoire se trouvent des notions assez étendues sur les gîtes ossifères des environs de Bagnères, signalés jadis par Philippe, et sur les principaux fossiles qu'on y a rencontrés et dont la liste va sans doute être augmentée, grâce aux nouvelles recherches de M. Frossard père.

MÉMOIRES DE LA SOCIÉTÉ D'AGRICULTURE DE L'AUBE.

N° 103. — COUP-D'ŒIL SUR LES TERRAINS DU DÉPARTEMENT DE L'AUBE.

17 pages. — Mai 1830.

N° 104. — NOTE SUR LE GRÈS VERT DE MONTIÉRAMEY (AUBE).

En compagnie avec M. Clément-Mullet

12 pages, avec une planche. — Août 1831.

N° 105. — RÉCIT D'UNE EXCURSION AUX ENVIRONS DE PONT-GIBAUD.

(Puy-de-Dôme).

20 pages. — Août 1832.

N° 106. — NOTICE GÉOLOGIQUE SUR TROYES, SUR LA ROUTE DE TROYES A NOGENT, ETC.

14 pages. — Août 1833.

OUVRAGES INÉDITS

N° 107. — APERÇU DES PYRÉNÉES ; PRODROME D'UNE DESCRIPTION ET D'UNE CARTE GÉOGNOSTIQUE DE CES MONTAGNES.

Ce travail est destiné à offrir aux géologues une rapide esquisse de la chaîne des Pyrénées, telle qu'elle doit être considérée eu égard aux faits nouveaux introduits en grande partie dans l'histoire de ces montagnes par mes observations.

Cette esquisse, dont j'avais envoyé la première édition manuscrite à l'Académie des sciences de Paris, se trouve résumée dans le tome XL des Comptes-rendus (1855). Depuis, elle a été refondue et adressée, sur l'invitation de Son Exc. M. le Ministre de l'Instruction publique, au Comité des Sociétés savantes, qui a bien voulu l'accueillir et la juger digne d'être l'objet d'une récompense pour l'auteur. Cette édition est encore inédite; elle forme la matière d'une brochure in-8° de 120 à 130 pages.

Cette esquisse, résultat de longues et persévérantes observations dans toutes les parties de la chaîne, contient les éléments d'un remaniement de la Carte géologique des Pyrénées, et je la considére comme un de mes principaux titres à la considération et à l'estime des géologues (1).

N° 108. — CARTE GÉOLOGIQUE DE LA HAUTE-GARONNE.

Cette carte, qui a été présentée au comité des Sociétés savantes en novembre 1867 comme un spécimen détaillé de la carte générale des

---

(1) Les témoignages d'estime à l'égard de mes divers travaux sur les Pyrénées, de la part d'éminents géologues français ou étrangers, sont venus plusieurs fois me soutenir et m'encourager. Je m'abstiendrai de citer ces témoignages quelquefois exprimés en termes trop flatteurs; je ne puis résister toutefois au désir de me glorifier ici de celui qui m'a été adressé, en mon absence, par un illustre maître, Léopold de Buch, à son passage à Toulouse.

Léopold de Buch à M. le professeur Leymerie.

« Je voulais faire une visite à l'auteur de la belle description de l'Aube, à la cime du Mont-Perdu. M. de Salvandy ne l'a pas voulu; il ne veut pas vous voir retourner vers les Pyrénées sans la pourpre académique; tant mieux! On ne répétera plus le mot de Louis XIV : *Il n'y a plus de Pyrénées!* Elles s'élèveront toujours de plus en plus, grâce à votre œil observateur, à votre sagacité et à cette activité que nous admirons, et certes, les Pyrénées en valent bien la peine. Que de questions, sous ce rapport, n'aurais-je pas à vous faire! Mais, ne désespérons de rien; j'aurai peut-être encore le plaisir de vous assurer de vive voix de toute la considération, etc... »

Pyrénées, à laquelle je travaille, est encore inédite; mais on voudra bien me permettre sans doute de la mentionner ici. Elle peut être considérée comme offrant aux yeux un résumé et une preuve de l'efficacité et de la vérité des observations que j'ai faites dans toute la chaîne des Pyrénées depuis 1843 jusqu'à ce jour. — La minute exécutée d'abord sur la carte de Cassini vient d'être transportée, par mes soins, sur celle du dépôt de la guerre. Elle occupe les feuilles de *Luchon, Saint-Gaudens* et *Toulouse*, une grande partie de celles de *Pamiers* et de *Montauban*, et des parcelles de celles de *Lectoure*, d'*Auch* et de *Castres*.

MINÉRALOGIE

N° 109. — COURS DE MINÉRALOGIE (*Histoire naturelle*).

2 vol. in-8°, avec nombreuses figures dans le texte; 2e édition (1867).

Mon but, en publiant cet ouvrage, a été de reconstituer le domaine qui avait été assigné à la Minéralogie par Werner, et que Haüy et Brongniart lui avaient à-peu-près conservé, de rétablir ses limites de nos jours presque effacées et de rendre à cette science son caractère comme branche de l'histoire naturelle. La première édition a paru de 1857 à 1859. Celle-ci n'est que la reproduction de la première, avec quelques modifications, dont la principale consiste dans la suppression de la classe des *minéralisateurs* qui se trouve maintenant répartie entre les pierres et les métaux. J'y ai revu aussi les espèces et leur description.

Le premier volume est destiné aux principes généraux, hormis ceux qui se rapportent à la classification. — Il commence par des prénotions où je m'efforce d'inspirer au lecteur l'esprit qu'il doit apporter dans l'étude de la minéralogie proprement dite. J'insiste sur ce point fondamental qu'il faut se garder de confondre, ainsi qu'on le fait trop souvent, le *minéral* avec la *substance*, celle-ci ne devant être considérée que comme la matière employée par la nature pour constituer le minéral. J'indique aussi dans cette partie préliminaire l'importance relative des caractères minéralogiques que je divise en *attributs* (substance et forme), *caractères essentiels* (densité, dureté), supplémentaires des attributs et *caractères secondaires*.

J'ai donné dans ce volume beaucoup de place à la cristallographie, et je n'ai rien négligé pour faciliter aux étudiants l'accès de cette branche fondamentale de la minéralogie. Je crois avoir introduit, d'un autre côté, quelques considérations nouvelles, dans cet exposé des faits cristallographiques, notamment en ce qui concerne l'*hémiédrie* et les *formes alternes*.

Le deuxième volume est consacré à la taxonomie et à la description des espèces. Après avoir passé en revue les principales classifications qui ont été proposées et plus ou moins suivies depuis Werner, je cherche à démontrer la nécessité d'une réforme et je propose une *méthode éclectique* basée sur celle de Werner, à laquelle on ne pourra pas se refuser de reconnaître, à défaut d'autre mérite, celui de la simplicité et de la facilité avec laquelle elle se prête aux déterminations et aux applications pratiques.

Cet ouvrage, que je considère comme mon principal titre à la considération des savants et auquel on rendra une justice complète, plus tard, après ma mort sans doute, a été préféré à d'autres traités plus chimiques dans plusieurs écoles, notamment en Belgique, et il a fini par être adopté en France par la plupart des candidats à la licence ès-sciences physiques; mais il sort de la ligne suivie par la plupart des minéralogistes français, et je ne devais pas m'attendre à le voir accueillir avec beaucoup de faveur par les savants qui accordent au caractère chimique une importance exclusive.

Je dois dire toutefois qu'il m'a valu, de la part d'éminents naturalistes, des témoignages bien flatteurs, parmi lesquels on me permettra de mentionner ceux de MM. Delafosse et Isidore Geoffroy Saint-Hilaire :

Témoignage de M. Delafosse : « Vous allez nous donner votre deuxième volume, et je m'en réjouis. *Votre livre est excellent,* et je n'hésite pas à le recommander préférablement à tout autre ouvrage français, etc... »

Témoignage de M. Isidore Geoffroy Saint-Hilaire : « Votre ouvrage est de ceux qui appellent les félicitations autant que les remerciements. Toute la partie cristallographique me paraît parfaitement traitée et devra être d'un grand secours à tous ceux qui voudront s'initier à la science des Romé de l'Isle et des Haüy, etc... »

BULLETIN DE LA SOCIÉTÉ GÉOLOGIQUE DE FRANCE.

N° 110. — NOTE SUR LE SOUFRE NATIF ET LA SÉLÉNITE TROUVÉS DANS LA CRAIE DE MONTGUEUX (AUBE.)

1re série, t. III, page 240 (1833).

N° 111. — NOTE SUR LA CONSTANCE D'UNE FORME DE FLUORINE CALCAIRE QUE PRÉSENTE HABITUELLEMENT LE CORAL-RAG DE L'AUBE, ET SUR UNE PARTICULARITÉ DU MÊME GENRE OFFERTE PAR LA FLUORINE QUI ACCOMPAGNE A ROMANÈCHE LE MINERAI DE MANGANÈSE.

4 pages, t. IX, page 276 (1838).

N° 112. — EXPOSITION D'UNE MÉTHODE ÉCLECTIQUE OU WERNÉRIENNE DE MINÉRALOGIE.

28 pages, t. X (2e série), page 207 (1853).

Ce petit travail, qui a précédé mon Cours de minéralogie en deux volumes, consiste en un exposé des considérations philosophiques et taxonomiques qui ont été appliquées dans cet ouvrage. J'y établis les bases de la science considérée au point de vue de l'histoire naturelle. J'y traite des *attributs* et des caractères de divers ordres des minéraux, de l'espèce, des méthodes, de la nomenclature, et j'y expose enfin pour la première fois ma classification éclectique ou wernérienne, où les minéraux inorganiques sont répartis en cinq classes, réduites à quatre récemment, savoir : 1° les gaz; 2° les *halides* (acides et sels proprement dits); 3° les *pierres*; 4° les *métaux*.

COMPTES-RENDUS DE L'ACADÉMIE DES SCIENCES (Institut).

N° 113. — NOTE SUR LE SYSTÈME CRISTALLIN DE LA TOURMALINE.

T. XXX, page 707 (1850).

Ce petit travail peut être regardé comme une application anticipée du principe général que j'ai posé pour expliquer tous les cas d'hémiédrie. J'y montre qu'en adoptant pour forme primitive et pour molécule intégrante de ce minéral, la pyramide triangulaire droite à base équilatérale, on se rend compte facilement de toutes les formes secondaires et de toutes les anomalies offertes par cette singulière espèce.

N° 114. — EXPOSITION D'UNE MÉTHODE ÉCLECTIQUE OU WERNÉRIENNE DE MINÉRALOGIE.

T. XXXVI, page 696 (1853). — Voir le n° 112.

N° 115. — ESSAI D'UNE EXPLICATION GÉNÉRALE DE L'HÉMIÉDRIE.

T. XLIII, p. 1042 (1856). — Voir le n° 122.

N° 116. — SUR LA PART QU'IL PARAÎTRAIT RAISONNABLE DE FAIRE A L'HÉMIÉDRIE DANS LE TABLEAU DES SYSTÈMES CRISTALLINS.

T. XLIII, page 1183 (1856). — Voir le n° 122.

N° 117. — NOTE SUR L'AÉROLITHE DE MONTRÉJEAU (Filhol et Leymerie).

T. XLVIII, page 193 (1859). — Voir le n° 123.

N° 118. — ÉTUDE D'UNE DES PARTIES CONSTITUANTES DE L'AÉROLITE DE MONTRÉJEAU.

T. XLVIII, page 416 (1859). — Voir le n° 123.

N° 119. — SUR L'AÉROLITHE DE MONTRÉJEAU; REMARQUE A L'OCCASION D'UNE COMMUNICATION DE M. DAMOUR.

T. XLIX, page 795 (1859)

N° 120. — NOTE SUR L'AÉROLITHE D'ORGUEIL.

T. LXIII, page 988 (1864). — Voir le n° 121.

N° 121. — NOTICE SUR UN ESSAIM MÉTÉORIQUE TOMBÉ PRÈS D'ORGUEIL.

Publication spéciale — 27 pages (1867).

J'ai cru pouvoir être utile en faisant précéder la description qui est l'objet spécial de ce petit Mémoire, de quelques considérations générales sur les météorites. Je commence par faire remarquer que les astéroïdes compris entre Mars et Jupiter, dont chaque année voit augmenter le nombre, sont quelquefois très-petits, et que l'on a cru remarquer chez quelques-uns d'entre eux une forme polyédrique, fait qui viendrait à l'appui de cette idée que les petits astres dont il est question ne sont que des fragments ou le détail d'une vraie planète qui devrait exister entre Mars et Jupiter d'après la loi de Bode.

Les aérolithes ne seraient que des grains de la poussière de cette planète fragmentée ou d'une poussière cosmique quelconque.

Venant aux aérolithes tombés à Orgueil (Tarn-et-Garonne) le 14 mai 1864, je montre qu'ils devaient constituer un essaim de pierres faiblement consistantes appliquées les unes contre les autres et qui se seraient séparées en tombant.

Je relate toutes les circonstances de cette chute. Considérant ensuite les pierres en elles-mêmes qui sont d'une nature toute particulière et dont les chutes connues n'ont offert que deux autres exemples, j'indique leurs principaux caractères. Elles sont noires, tendres et comme charbonneuses, et leur faible consistance est due à leur cimentation par un sel soluble qui consiste principalement en hydrochlorate d'ammoniaque; elles se désagrègent quand on les plonge dans l'eau.— Je donne, en terminant, une analyse de M. Cloez, d'où ressort cette curieuse particularité, unique jusqu'à ce jour, que la couleur noire de ces météorites doit être attribuée à une matière organique analogue à l'*humus* ou au *terreau*.

ACTES DE LA SOCIÉTÉ LINNÉENNE DE BORDEAUX.

N° 122. — MÉMOIRE SUR L'HÉMIÉDRIE.

13 pages, avec figures et tableau, t. XXI. page 468 (1857).

Ce travail se divise en deux parties. Dans la première, je traite de l'hémiédrie d'une manière générale, et je fais voir que l'explication proposée par M. Delafosse, d'abord pour deux cas particuliers, peut être érigée en principe général applicable à tous les minéraux hémiédriques. Il suffit pour cela de prendre, dans chaque cas hémiédrique, pour la molécule constituante, la forme du solide particulier qu'on obtient directement par l'effet le plus simple de l'hémiédrie.—En cherchant à appliquer cette idée à tous les minéraux hémièdres bien caractérisés, je n'ai rencontré aucun obstacle dans leurs propriétés physiques ou cristallographiques; au contraire, j'ai vu toutes les particularités de ces espèces exceptionnelles marcher parfaitement d'accord avec la structure que je devais leur supposer d'après l'énoncé de la loi. — Je prouve cet accord par des exemples qu'offrent les principales espèces hémièdres, savoir : la *boracite*, la *pyrite*, le *calcaire*, la *tourmaline*, la *chalkopyrite*.

Dans la seconde partie de mon travail, je cherche à faire à l'hémiédrie, dans le tableau des systèmes cristallins, une part en rapport avec son importance, et j'arrive à cette conclusion qu'il n'y a réellement que cinq cas d'hémiédrie qui méritent d'entrer en ligne de compte par leur constance et par des formes spéciales qui se trouvent réalisées et fréquemment employées par la nature. J'en fais la base de cinq sous-systèmes qui se rattachent aux systèmes par l'identité des axes et par des formes communes, savoir : deux au système régulier, deux au système hexagonal et un au système tétragonal. Chacun de ces groupes subordonnés a d'ailleurs une forme, type qui lui est propre, et en laquelle se trouvent résumées et comme satisfaites les conditions hémiédriques. Cette forme n'est autre chose que la molécule intégrante ci-dessus déterminée. Elle offre cet avantage qu'en lui appliquant la dérivation méthodique en usage pour les formes normales, on peut en déduire toutes les formes possibles du sous-système, sans se préoccuper de la structure ni des propriétés physiques particulières qui sont en définitive la cause de l'hémiédrie.

Un tableau, placé à la fin du Mémoire, offre aux yeux du lecteur l'effet que doit produire, sur la classification des systèmes, l'introduction de ces nouveaux principes.

N° 123. — MÉMOIRE SUR UN AÉROLITHE TOMBÉ A MONTRÉJEAU. (*Haute-Garonne*).

12 pages, t. XXIII, page 51 (1860).

Cet aérolithe est tombé en deux morceaux le 9 décembre 1858 dans la plaine de Valentine (Haute-Garonne), non loin de la côte rapide qui monte à la petite ville de Montréjeau. Il se rapporte au type pierreux ordinaire à cassure grenue, à couleur gris-clair avec l'enduit noir caractéristique. A la simple vue, on peut y reconnaître un magma gris au milieu duquel sont dispersés de nombreux globules d'un gris verdâtre facilement séparables que j'ai proposé d'appeler *pisite*, et des paillettes brillantes d'un blanc un peu grisâtre, d'un alliage de fer et de nickel, très-habituel dans les pierres de cette nature auquel j'ai donné le nom de *géoxène*. Ce minéral métallique entre pour 1/10e dans le poids de la pierre, et c'est lui qui lui donne la vertu magnétique très-prononcée qu'elle possède.

L'aérolithe de Montréjeau a été analysé par plusieurs chimistes (Damour, Filhol, Chancel et Moitessier), qui ont trouvé que, abstraction faite du géoxène que l'on peut facilement séparer avec un aimant ; cette pierre était essentiellement composée d'un silicate de magnésie et de fer séparable en deux parties, l'une soluble dans les acides, qui serait du *péridot*, et l'autre insoluble dans laquelle ces chimistes ont voulu voir un mélange d'espèces minérales qui n'y existent pas, tandis qu'ils négligeaient la *pisite* que la nature leur indiquait d'une manière très-claire.

ACADÉMIE DES SCIENCES, etc., DE TOULOUSE (Mémoires).

N° 124. — TABLEAU MINÉRALOGIQUE DE L'ESPÈCE **calcaire**.

21 pages, t. VI (3e série, 1850).

L'espèce calcaire est, comme on le sait, la plus riche et la plus classique de la minéralogie par la variété de ses formes cristallines, de ses concrétions et des structures avec lesquelles la nature les présente. J'ai essayé, dans ce petit travail, d'introduire un ordre méthodique dans l'arrangement linéaire des nombreuses variétés que l'on peut avoir à décrire ou à placer dans une collection. — Le principe qui domine dans cet essai de classification, est celui de la perfection indiquée par l'état cristallin plus ou moins complet du minéral. — Sous ce point de vue, je répartis tous les calcaires dans cinq groupes principaux, qui sont : les *cristaux*, les *pseudomorphoses*, les *structures cristallines*, les *concrétions* et les *incrustations*.

Les cristaux, en procédant du simple au composé, se trouvent rattachés, dans cette méthode, à trois formes simples fondamentales, qui sont : le *Rhomboèdre*, le *Scalénoèdre* et le *Prisme hexagonal*. A la suite viennent les mâcles et les cristaux oblitérés. — Les morceaux à structure cristalline se divisent en quatre catégories, suivant que les éléments agrégés sont *allongés*, *superficiels* ou *solides*, ou sont trop fins pour être distingués (*compacte*). — Les concrétions sont *stalactiques*, *pisolitiques* ou *réniformes*.

Un appendice comprend les calcaires communs ou géognostiques qui peuvent être concrétionnés, ordinaires, terreux ou mélangés.

Cette méthode est applicable à toutes les espèces minérales dont la grande majorité des variétés rentrent dans les cadres que nous avons préparés en vue du calcaire.

REVUE DE TOULOUSE.

N° 125. — NOTICE SUR LE CABINET MINÉRALOGIQUE ET GÉOLOGIQUE DE LA FACULTÉ DES SCIENCES DE TOULOUSE.

15 pages in-8°. (Juillet 1855.)

MÉMOIRES DE LA SOCIÉTÉ D'AGRICULTURE, ETC., DE L'AUBE.

N° 126. — ESSAI SUR LES PYRITES DES ENVIRONS DE TROYES.

4 pages. (Janvier 1830.)

N° 127. — SUR LE SOUFRE NATIF ET LA SÉLÉNITE TROUVÉS DANS LA CRAIE DE MONTGUEUX. (*Aube*).

4 pages. (1833.)

Maison Lafargue : Coderc, Degréteau, et Poujol, succ.
Bordeaux. — Imp. de F. Degréteau et Cie.

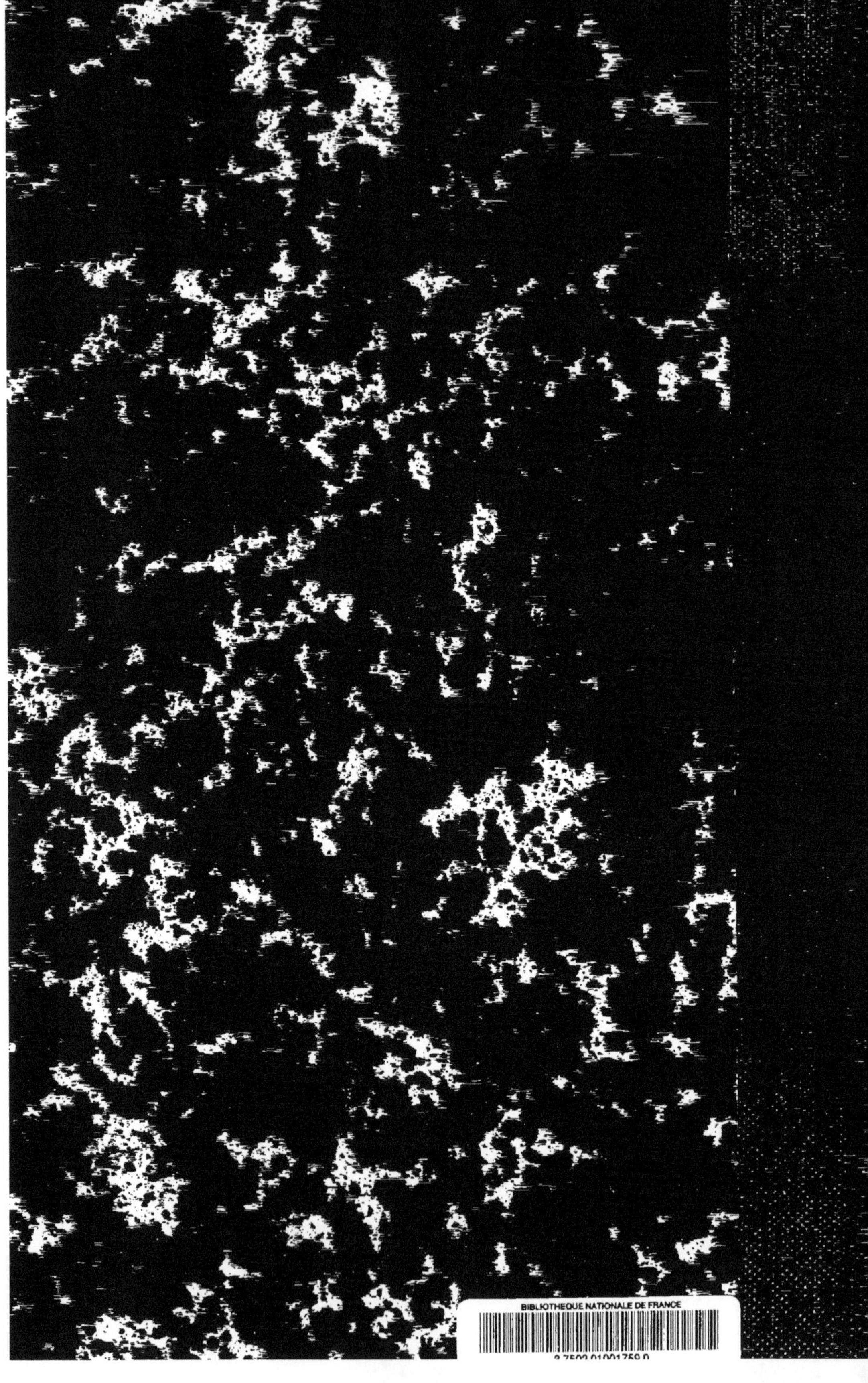

www.ingramcontent.com/pod-product-compliance
Ingram Content Group UK Ltd.
Pitfield, Milton Keynes, MK11 3LW, UK
UKHW012257240726
13966UKWH00004B/1455

9 782012 395985